Révélations en Himalaya

De   Pierre Nadeau

Édité par   UniVision

© 1998, Société Progesco Inc

ISBN   2-9806197-0-1

Dépôt légal :

Bibliothèque Nationale du Québec, 1999
Bibliothèque Nationale du Canada, 1999

Graphisme et logo par Francine Poulin,
Fripou Design, 450-663-1737

Quelques paroles...

Vouloir, c'est pouvoir.

Croire pour entreprendre, persévérer pour réussir.

Quand l'orgueil se présente, l'intelligence s'absente.

On pense habituellement qu'on arrête de jouer parce que l'on vieillit, peut-être est-ce plutôt que l'on vieillit parce que l'on arrête de jouer ?

« N'allez pas croire qu'un homme grincheux puisse cultiver un chou ou un plant de tomate aussi bon et beau qu'un homme qui sait rire et plaisanter ! » (Edgar Cayce)

Être indulgent avec son passé et exigeant avec son futur.

Aimer pour des raisons que la raison ne connaît pas ne saurait qu'être raisonnable.

Une journée dans laquelle on a fait un pas en avant est une journée bien remplie !

Itinéraire

Avant-propos

Je suis un homme ordinaire qui, par des circonstances de vie peu ordinaires, a été amené souvent bien malgré lui à vivre des événements extraordinaires.

Ce livre repose sur des faits vécus. Ils paraîtront incroyables à plusieurs, ce qui ne pourra effacer ou altérer la réalité.

Lorsque j'ai été confronté à vivre ces aventures, j'ai ressenti bien des frissons, passant par la peur, l'appréhension et allant à l'autre extrême de joies immenses.

En écrivant ces lignes, je revis certaines de ces émotions. Aujourd'hui, la peur a cédé à de la confiance et même à de la foi. L'appréhension a disparu et l'ardeur à vivre a reconquis la place lui revenant de droit.

Nous n'avons pas besoin de traverser la planète et d'atteindre le bout du monde pour vivre des expériences semblables. Ce qui me rappelle certains mots d'une chanson : « arrête de regarder au ciel pour voir descendre le Père Noël, y est juste là à côté de toi, t'as juste à y parler ».

Dans mon cas, pour diverses raisons, je n'ai pu me contenter de regarder à côté de moi. J'ai bel et bien traversé la planète pour vivre une aventure hors du commun.

Si je viens maintenant vous en parler, c'est simplement qu'en lisant ces lignes vous aurez l'occasion de m'accompagner dans ce voyage fantastique. Mais aussi, peut-être cela éveillera-t-il en vous le désir inéluctable d'entreprendre une épopée encore plus grandiose. Je vous laisse le plaisir d'en découvrir la nature.

Chapitre 1, Arrivée en terre étrangère

Nous y voilà !

L'avion allait atterrir dans quelques heures à New Delhi. Même si je ne pouvais évaluer à sa juste mesure le choc culturel auquel j'allais être confronté, le doute et les craintes s'insinuaient lentement en moi. La « chance » avait voulu que je sois assis auprès d'une gentille dame d'une cinquantaine d'années. Elle retournait dans son pays natal pour les vacances de Noël; nous étions au mois de décembre 1990. Nous avons discuté de choses et d'autres; j'ai pu ainsi découvrir sommairement les moyens de transport à l'intérieur de l'Inde.

Entre autres commentaires, elle mentionna que le simple fait de se procurer un billet de train pouvait être en soi toute une aventure dans ce pays. Nous avons ri ensemble de ces paroles, ces dernières semblant un peu exagérées. J'ai découvert plus tard que, bien au contraire, la réalité dépassait de loin cet amical avertissement.

Les préparatifs du voyage s'étaient déroulés avec une certaine excitation, l'odeur de l'aventure se faisant largement sentir. Mais, entre regarder les prouesses d'Indiana Jones à la télévision ou au cinéma et les vivre soi-même, il y a un gouffre. Je prenais maintenant conscience que je m'apprêtais à franchir ce gouffre.

L'atterrissage était maintenant annoncé par le pilote. Je songeai une dernière fois que personne ne m'attendait à l'aéroport et que je ne connaissais strictement personne au moyen-orient et en extrême-orient. J'allais arriver bientôt en plein milieu de ce territoire où la langue locale m'était aussi inconnue que tout le reste.

J'avais été « invité » à me rendre en Inde pour ensuite la traverser d'ouest en est, pour enfin monter au nord dans les contreforts de l'Himalaya. Toutefois, cette invitation m'était venue par des voix d'une origine autre qu'humaine. Pour parler clair, par des êtres désincarnés.

Or, seulement deux ans auparavant, alors que j'avais trente et un ans, j'étais tout ce qu'il y avait de plus athée. Je ne croyais en rien, sauf en ce que je pouvais toucher, voir ou entendre avec mes sens corporels.

Et, deux ans plus tard, je débarquais à l'autre bout de la planète sur une simple invitation de l'au-delà !

J'en avais des sueurs froides. Il était trop tard pour reculer, l'avion venait de s'arrêter en bout de piste. Tous les passagers regroupaient leurs bagages; nous allions sortir de cet avion qui prenait maintenant pour moi la dimension d'un refuge.

L'aéroport

En descendant de l'avion, la chaleur était tout bonnement foudroyante. Pourtant, nous étions en décembre !

L'intérieur de l'aéroport n'était pas climatisé; il faudrait m'habituer à vivre sans attente du luxe qui meuble les journées des occidentaux. Je parlais un peu l'anglais et une bonne proportion d'indiens pouvait également s'exprimer dans cette langue.

Il était donc relativement facile, dans l'aéroport international de New Delhi, de récupérer mes bagages et de changer de l'argent canadien en roupies. Je ne disposais que de cinq cents dollars canadiens pour un séjour devant durer quatre mois.

La gentille dame de l'avion m'avait indiqué que le meilleur moyen pour traverser l'Inde était sans nul doute le train. Et que pour me rendre à la gare centrale de New Delhi je devais soit prendre un taxi, soit un autobus faisant la navette sur une base régulière plusieurs fois par jour. Considérant le peu d'argent dont je disposais, je choisis l'autobus.

À la gare ferroviaire

Le voyage en autobus de l'aéroport à la gare se déroula sans problème et dura environ deux heures. Même si les gens du pays me regardaient étrangement, on semblait accepter ma présence. Je commençais à penser que mes appréhensions étaient exagérées. C'était une erreur.

En arrivant à la gare, je me dirigeai immédiatement vers les guichets de vente de billets car je voulais être sûr d'attraper le prochain train. Par contre, je commençais sérieusement à ressentir l'envie d'aller aux toilettes. Je décidai de me retenir car si je devais rater le prochain train, peut-être serais-je forcé de passer la nuit à New Delhi, chose que dans la mesure du possible, je voulais éviter.

L'attente pour accéder au guichet se passa dans une anarchie totale. Tout le monde se chamaillait pour arriver à son but. Je n'ai repéré aucun autre étranger. Je devais apprendre plus tard que rares sont les étrangers qui utilisent les moyens de transport normaux. Les agences de voyage orientent leurs clients vers des véhicules qui leur sont exclusivement réservés. Chose que je ne savais pas et que, de toute manière, je n'avais pas les moyens de me payer.

Finalement, je réussis avec maints efforts et coups de coude à atteindre ce guichet. Cela pris au moins une heure et il faisait chaud à en fondre debout. L'envie d'aller aux toilettes devenait obsédante.

Le commis aux billets parlait à peine l'anglais. Je lui expliquai que je voulais me rendre à Darjeeling, mon lieu de destination finale. Il n'en avait jamais entendu parler. C'était compréhensible car cette ville se situe à l'autre bout du pays. Je sortis ma carte géographique de l'Inde pour lui indiquer où je voulais aller. Cent personnes au minimum, c'est-à-dire celles qui se trouvaient le plus près de moi, tentèrent de voir cette carte. Certains s'impatientaient car je prenais un temps anormalement long pour acheter mon billet. J'aurais aimé être n'importe où ailleurs mais je n'avais pas le choix, il me fallait ce billet.

Je réussis enfin à acheter un billet pour la ville de Patna qui, l'ayant vue sur la carte, était localisée dans la bonne direction. Cela coûta 35 roupies, ce qui équivalait à environ deux dollars canadiens pour une randonnée de près de 48 heures. Je n'en revenais pas de cette aubaine et je commençais à comprendre combien il en coûte peu pour vivre en Inde.

Il était 14:00 heures et le prochain train pour Patna devait partir à 20:30 heures. Cette attente me parut longue mais je pourrais au moins aller aux toilettes et même visiter un peu.

Dans la gare ferroviaire

Je me mis à la recherche des toilettes. La gare de New Delhi est aussi grande qu'une ville canadienne de 5 000 habitants. Il n'y a pas que des trains dans cette gare. Au moins 10 000 personnes y demeurent en permanence. Plusieurs de ces gens y exercent le métier de mendiant. D'autres y vivent car ils n'ont pas d'autres lieux où aller. Ils préfèrent cet endroit plutôt que de dormir sur le trottoir où peut-être 100 000 personnes dorment chaque nuit dans la seule ville de New Delhi.

Ces gens ne possèdent pour tout bien terrestre qu'une couverture et les vêtements qu'ils ont sur le dos. Ils ne savent pas s'ils pourront manger aujourd'hui, demain ou un autre jour. La pauvreté y est indescriptible.

Je me promenais donc au milieu de ces pauvres gens, à la recherche des toilettes. Une heure dans une direction, une deuxième heure dans une autre. Je pus repérer le quai d'où partirait mon train, mais de toilettes, le néant. C'était devenu plus qu'une obsession, c'était carrément douloureux.

En cherchant les latrines, je pus observer que certains se soulageaient tout bonnement sur les multitudes de voies ferrées. Le train constitue le principal moyen de transport de ce pays. La gare est immensément vaste; il y a des dizaines et des dizaines de voies ferrées. Toujours pas de toilettes. Je ne réussissais pas à me résoudre à faire comme tout le monde et à m'exécuter en public. Mais que faire ?

Finalement, j'entrai clandestinement dans un train et trouvai des toilettes à la turque (simple trou de 10 centimètres de diamètre dans un plancher, communiquant habituellement avec des égouts mais dans ce cas se jetant sur la voie ferrée). J'avais la trouille de me faire surprendre mais, au moins, j'étais seul et on ne pourrait m'observer dans cette démarche naturelle qui, pour nous occidentaux, doit se faire dans l'intimité.

La fiction devint réalité

Pendant que je cherchais les toilettes, j'avais refusé toute demande de la part des mendiants car j'étais de plus en plus pressé d'atteindre mon but et chaque minute comptait.

Maintenant, c'était différent car il me restait deux bonnes heures à passer avant le départ de mon train. Je me suis dirigé vers le quai d'où devait partir mon train et me suis assis sur ma valise. L'attente commença.

Les mendiants se dirigeaient automatiquement vers moi. Ma condition d'étranger devait laisser supposer que je donnerais plus facilement que les indiens; on me présumait obligatoirement plus riche (ou moins pauvre) qu'eux.

Certains étaient infirmes, d'autres horriblement maigres. Bref, je donnai ma monnaie de roupies à ceux d'entre eux qui me paraissaient les plus nécessiteux. Vint rapidement le moment où il ne me resta que des billets de cent roupies, ce qui représentait une somme de 6 dollars canadiens. Donner un tel montant s'avérait dangereux. Si l'on savait pouvoir trouver une grosse somme sur moi, on pourrait peut-être m'attaquer pour s'en approprier.

Vers 19:00 heures, il faisait noir; on se souviendra que nous étions en décembre. La gare fourmillait. À ce moment, un mendiant, à qui il manquait les deux jambes, se présenta à moi. Il se déplaçait avec ses mains en donnant à son corps un mouvement de balancier. Il semblait affamé et désespéré. Je ne pus résister à ce spectacle et lui donnai un billet de cent roupies. Il me fit un drôle de sourire où je crus déceler des intentions douteuses. Il s'en alla comme il était venu, moitié rampant, moitié sautant.

20:20 heures

Encore 10 minutes avant mon train. Mais il n'était pas là, ce fameux train ! Était-il en retard ?

Me serais-je trompé de quai d'embarquement ? Je n'osais retourner au tableau d'affichage des départs car il était situé à au moins 15 minutes de marche; je pourrais manquer mon train en m'absentant ainsi.

Je réalisai soudain que les gens s'éloignaient peu à peu de moi. Pire, d'autres m'observaient à la dérobée: tous des hommes; ils semblaient être de quinze à vingt et ils étaient en train de m'encercler. Instinctivement, je me dirigeai vers un mur de brique, m'y appuyai, me préparant à vendre chèrement ma peau.

Mon train devint le dernier de mes soucis. J'en aperçus un autre sur une voie voisine de celle d'où devait partir le mien. Mais il roulait déjà passablement rapidement. Il n'y avait pas à hésiter, je fonçai. Je devais rattraper ce train. Je courais comme un fou. Derrière moi, on tentait de me rattraper car le veau gras était en train de leur filer entre les doigts.

La panique peut constituer un combustible très puissant. Ma vitesse de course a atteint ce jour-là un niveau jamais atteint auparavant et jamais depuis non

18

plus. Je parvins à attraper une barre d'appui du dernier wagon, que mille dragons n'auraient pu me faire lâcher. Je me mis à galoper, étant tiré par le train. Mes pieds ne touchaient pas toujours le sol. Avec un effort, que seules des circonstances semblables peuvent nous permettre d'accomplir, je réussis à me hisser sur la première marche de l'escalier menant au wagon. De là, des mains m'aidèrent à monter définitivement dans cette merveilleuse oasis.

Sur le quai, 15 ou 20 paires d'yeux m'examinaient avec regret.

En reprenant mon souffle dans l'encadrement de la porte, je pris véritablement conscience de ce qui venait de m'arriver. Tout le monde me regardait; peu des passagers avaient manqué le spectacle de cet étranger, qui avait sauté dans ce wagon davantage comme un indien d'Amérique dans un film western, que comme un indien de l'Inde dans la vie de tous les jours. Bref, j'avais fait une entrée remarquée.

Je commençai à trembler en réalisant que je venais d'échapper à une agression qui aurait pu me coûter la vie. J'étais dans un train qui allait dans une direction que Dieu seul connaissait et qu'il avait, de plus, jugé inutile de m'indiquer. J'ignorais si dans ce wagon on me réserverait le même sort que sur le quai de gare ou si je pourrais enfin respirer un peu.

Mais qu'est-ce que je faisais là ? Sapristi de toutes sortes de patois, quelle idée de fou avait pu germer en moi et me conduire dans un pays qui semblait vouloir m'engloutir dès mon arrivée ?

Revenons en arrière et voyons comment tout cela a commencé.

Chapitre 2, De l'enfance à l'adolescence

L'amorce d'une vie marginale

Mon enfance fut extrêmement éprouvante. Le milieu dans lequel je fus éduqué était un monde d'alcool, de violences physiques et de jalousies. Non pas à l'intérieur de ma famille, mais plutôt dans l'environnement régional où nous demeurions.

Nous étions une famille de dix enfants; j'étais le plus jeune. Mes parents croyaient à l'instruction, nos voisins croyaient au travail manuel, à l'assurance chômage et à l'aide sociale. Ma famille était donc, pour le moins, classée différente par ces gens pour employer des termes polis.

Par surcroît, trois de mes frères aînés plutôt costauds avaient distribué quelques taloches à certains individus de la population locale. Cela avait développé des rancunes appréciables. Nous étions marqués. Dès mon entrée à l'école primaire, cette répugnance à l'égard de ma famille s'est exprimée par de la violence à mon égard de la part de mes « compagnons de classe ».

On m'attachait pour me chatouiller, on me traitait de tous les noms, on me battait et on a même abusé sexuellement de moi. Ma famille a pratiquement tout ignoré de ces mauvais traitements. Dans ma tête d'enfant, je me sentais vaguement coupable de tout ce qui m'arrivait, comme la plupart des victimes sans doute. Je pratiquais la loi du silence sans que personne ne m'en ait jamais lu les textes. Cette situation persista jusqu'à l'âge de seize ans.

Je ne me rappelle pas avoir été appelé par mon prénom très souvent. J'avais et j'ai encore les cheveux frisés. Voici quelques surnoms que mes oreilles ont dû endurer à quelques milliers de reprises : « mouton », « bélier des montagnes », « petit St-Jean-Baptiste », etc. Cela peut paraître anodin mais, comme pour la goûte chinoise, à la longue cela peut devenir un véritable tourment.

Sans entrer dans des détails qui permettraient d'identifier les agresseurs, mentionnons tout de même que les violences subies ont nécessité deux interventions chirurgicales pour réparer les dégâts subis. Une à l'âge de quatorze ans pour enlever une tumeur qui s'était développée au nez suite à des coups de poings. Et une autre, plus tard dans la vingtaine, à l'estomac pour rafistoler les glandes mammaires qui avaient été écrasées.

Cette dernière agression m'avait été administrée vers l'âge de huit ans par un autre enfant de deux ans mon aîné. Il m'avait couché par terre, me maintenant les épaules au sol avec les mains et me sautant sur le thorax avec ses deux genoux à la hauteur des seins. Quatre ou cinq témoins de la même catégorie d'âge assistaient à cette scène et en riaient.

Citons aussi certaines gratifications dont je fus l'objet à de nombreuses reprises : jeté dans la boue lors des « récréations » à l'école, maintenu par terre pour me voler mon argent ou mes billes, coups de pied aux testicules en jouant au ballon...

Dans une meute de loups, lorsque l'un de ses membres est blessé, il arrive que l'on s'acharne sur lui. C'est ce qui semblait être le phénomène opérant sur ma destinée. J'étais le bouc émissaire tout désigné pour que mes congénères déversent leur trop-plein d'agressivité.

Les seuls signes visibles pour ma famille étaient les suivants : j'affirmais continuellement que nous devrions déménager de cet endroit ; je n'allais que très rarement jouer avec les autres enfants (je n'y allais que lorsque mes habituels agresseurs n'y étaient pas, car mentionnons que certains enfants se comportaient normalement) ; je pleurais des jours et des jours quand mes frères et mes soeurs retournaient à leurs activités après les vacances d'été et les congés de Noël (ils étaient mes seuls amis mais ils étaient considérablement plus âgés que moi, j'étais né très tardivement).

J'expliquais mes blessures physiques par des chutes et toutes sortes d'incidents parfois tirés par les cheveux. Mais quand on n'a pas de raison de questionner, on ne questionne pas. Si la victime se tait, ce qui est souvent le cas, ceux qui pourraient la sortir de là ont peu de chance d'agir.

L'apogée de tous ces actes se déroula un dimanche après-midi lors de mes dix ans. Quatre adolescents m'avaient invité à aller tirer de la carabine calibre 22 avec eux. J'aurais dû me méfier direz-vous ? Probablement, mais j'y suis allé avec la naïveté de mon âge. Inutile de décrire ce qui se passa, mais je signalerai que lorsque je revins de cette expérience dégradante, une bonne partie de ce qui me restait de pureté était demeurée dans les herbes au beau milieu d'un boisé.

La colère gronde

Ayant été élevé dans une famille très religieuse, j'ai cru moi-même en Dieu jusqu'à l'âge de quatorze ans. À cette période je me suis dit, comme bien d'autres, que si Dieu existait il ne me laisserait sûrement pas dans un tel merdier. De très croyant, je suis devenu très incroyant.

Une autre transformation s'opérait en moi. J'avais grandi physiquement et je devenais plus costaud que mes agresseurs. Par contre, quand on est un perdant, on a l'impression de l'être pour toujours. Je n'osais toujours pas riposter, ayant l'intime conviction que cela empirerait ma situation. Mais ma haine est devenue plus forte que mes peurs. Je me suis donc mis aux poids et altères. Je courais tous les jours dans la forêt, en donnant des coups de poings et de pieds sur les arbres dans le but d'endurcir mon corps.

L'âge de treize ans marqua mon entrée dans le monde de l'alcool. Je sais aujourd'hui que cela était une fuite mais, à l'époque, lorsque j'absorbais de fortes quantités d'alcool, le ver de terre que je croyais être se muait momentanément en lion. J'adorais cela.

Je m'éclipsai de cet environnement à l'âge de seize ans mais l'environnement, lui, demeurait en moi. Du petit garçon doux que j'avais été, il restait peu de choses. J'étais devenu haineux, agressif à l'excès, susceptible et extrêmement bagarreur. Mes haines s'adressaient au monde entier.

Pendant l'enfance, je voulais aider le tiers-monde affamé; j'étais devenu raciste. Enfant, j'avais de la compassion pour les moins bien nantis; j'étais devenu indifférent à ce phénomène et je me disais qu'ils n'avaient qu'à se débrouiller comme j'avais eu à le faire. Bref, j'étais devenu pire que ceux qui m'avaient torturé.

Les choses s'aggravent

À dix-huit ans, j'entrai simultanément à l'université et au poste de serveur-videur dans un bar. Je servais les boissons (aux autres et à moi-même) et devais expulser par la force ceux qui menaient tapage. Plusieurs, y compris moi-même, portent encore aujourd'hui des cicatrices de mes nombreux défoulements.

Le jour, dans la peau d'un étudiant, je bûchais dans les cours d'administration et de finance. Le soir, je rejoignais le monde des bars. Cette double vie dura très longtemps, non seulement pendant mes études mais aussi pendant ma carrière. Même si le soir et les fins de semaine je redevenais un voyou, les jours de semaine j'étais aussi un professionnel dans le monde des affaires.

Mais, à l'intérieur de moi, peu de changements s'opéraient d'une période à l'autre. Je bouillonnais continuellement de colère. Je rêvais d'une déclaration de guerre car je pourrais tuer légalement. Je souhaitais continuellement qu'on m'agresse, pouvant ainsi riposter sans culpabilité. Je m'imaginais constamment en train de frapper quelqu'un. Je haïssais. Et, si on me demandait de quel droit je faisais constamment du mal autour de moi, je répondais que j'avais déjà payé et que c'était au tour des autres de passer à la caisse.

Malgré cette recherche de vengeance, je poursuivais simultanément le but de vivre heureux. Je n'avais tout bonnement pas conscience que la haine, la rancune et la violence ne peuvent, en aucun cas, cohabiter avec le bonheur.

Une vie mouvementée

Dans ma soif de vivre, je pensai alors qu'avec beaucoup d'argent et de pouvoir, je pourrais vivre heureux. Ma carrière me procura argent et pouvoir, mais j'étais de plus en plus malheureux. Mes haines augmentaient.

Dans ma recherche d'une vie agréable, je courtisais de nombreuses femmes, espérant trouver la perle rare, l'âme soeur avec qui je trouverais la sérénité. Les âmes soeurs se sont succédées par dizaines, je me sentais à chaque jour plus mal. Je ne prenais pas conscience que mes malheurs venaient de l'autodestruction que j'alimentais avec toutes mes rancoeurs.

À l'intérieur de ma carrière je dus déménager à plusieurs reprises. À chaque occasion, j'étais convaincu que ce nouveau départ m'apporterait des jours meilleurs. Mais j'apportais dans mes bagages tous mes maux intérieurs qui grandissaient et se multipliaient. Le problème persistait.

Multiples voyages, utilisation d'innombrables luxes nord-américains, expéditions répétitives de chasse et de pêche, loisirs à volonté et sports variés, rien ne pouvait calmer cette fuite inconsciente et forcenée de moi-même.

Confucius a dit que « le chemin de la vérité est comme une grande route. Il n'est pas difficile de le trouver. Tout le malheur vient de ce que les hommes ne le cherchent pas ».

Socrate a dit que « la route du bonheur est une route large et bien dégagée, il n'y a qu'à chercher au bon endroit ».

La clef de la liberté

J'étais allé au cinéma un dimanche après-midi pour voir le film « Comment faire l'amour avec un nègre sans se fatiguer ». Un passage allait éveiller en moi un éclat de conscience qui allait me faire réorienter radicalement ma vie.

La vedette du film, un bel homme de couleur noire, avait été invité par sa compagne à une exposition de peintures. L'homme était de condition financière modeste et résidait dans un quartier de Montréal coïncidant avec ses faibles revenus. Sa compagne, une belle jeune femme de couleur blanche nageait dans l'opulence et fréquentait habituellement des gens de sa classe sociale. Par contre, elle considérait son compagnon noir comme son égal et le traitait comme tel.

Ils se rendirent donc ensemble à cette exposition et y rencontrèrent des gens riches et de race blanche. Un de ces derniers, un homme raciste, ne cessait de faire des remarques désobligeantes sur les noirs; dans sa bouche, les « nègres ». Était-ce par jalousie, par mégalomanie ou par frustration, nous ne saurions le déterminer sans en poser la question à l'auteur de l'histoire.

Dans un de ses commentaires haineux, il mentionna que les « nègres » étaient réputés pour leur paresse proverbiale. Cet homme est devenu ridicule à mes yeux.

L'homme noir, en entendant ces mots, avec un calme olympien, rétorqua qu'il faudrait savoir laquelle des deux affirmations suivantes serait vraie : « paresseux comme un nègre » ou « travailler comme un nègre ». Ces deux propos racistes éminemment contradictoires meublent couramment le vocabulaire d'un même individu.

La lumière au bout du tunnel

Cette contradiction me fit entrevoir le fait pourtant très simple que la haine sous toutes ses formes est beaucoup plus destructrice pour celui qui la ressent que pour celui qui en est l'objet. Du moment que ce dernier ne commette pas l'erreur d'y attacher de l'importance.

Donc, mes haines me conduisaient à l'autodestruction. Oui, on avait été dégueulasse avec moi dans mon enfance. Mais si aujourd'hui je continuais à cultiver ma rancune qui se cristallisait en haines multiples, j'en étais le seul artisan maintenant dans le présent.

Je pouvais avec raison penser que mes malheurs passés découlaient d'autres personnes. Mais j'étais le seul responsable de mon malheur ou de mon bonheur futur. Je devais dès lors prendre le temps de laisser grandir en moi cette prise de conscience qui m'ouvrait la voie pour solutionner tous mes problèmes.

À partir d'une telle décision, ce n'était plus maintenant qu'une question de temps. Les haines n'ayant pas d'autres forces que celles que nous leur accordons, je n'avais qu'à leur couper les vivres et elles périraient d'elles-mêmes, faute de carburant.

J'avais alors 31 ans et, grâce à cette décision, je pouvais dorénavant espérer sortir de l'adolescence. Les portes s'ouvraient toutes grandes sur le monde des adultes. Personne ne pourrait y entrer pour moi, je devais moi-même faire le travail si je voulais y parvenir.

Chapitre 3, On se met au travail

Une décision qui fait tache d'huile

Si la haine constituait un facteur d'autodestruction, n'y avait-il pas d'autres choses qui pourraient également nuire à mon bonheur ?

La haine m'empêchait de vivre en harmonie avec ceux que je haïssais et avec moi-même. Mes autres défauts tels mes peurs, mes rancunes et mes infidélités n'avaient-ils pas un effet similaire dans d'autres domaines ? Sûrement, mais comment faire pour corriger tout cela ?

Mis à part que je n'avais ni tué ni violé, j'avais à peu près tout fait. Il y avait peu de défauts que je ne possédais pas. La route serait longue. Raison de plus pour commencer le plus tôt possible. Ce que je fis. Je me suis mis à lutter contre mes haines, mes peurs et autres, mais cela prenait du temps et j'étais impatient de réussir. En discutant avec quelqu'un qui avait progressé en ce sens, à savoir sur la route de la sagesse, je pris également conscience que l'ego était pour moi un ennemi majeur.

Pour réussir à vaincre, je ne comptais que sur mon cerveau, ma détermination et ma personnalité en général. C'était suffisant pour commencer mais nettement insuffisant pour réussir. Je n'en avais aucunement conscience à ce moment, mais des événements plutôt abracadabrants allaient heureusement m'offrir d'autres possibilités.

Des visions inattendues

J'occupais une confortable position dans une corporation multinationale. En décembre 1989, les cadres de mon département, y compris moi-même, tenions une réunion de planification à long terme. Un exécutif nous annonça une nouvelle politique qui allait carrément détruire la carrière d'un de mes confrères.

Depuis des dizaines d'années, je n'avais eu aucune espèce d'intention d'aider qui que ce soit, à moins que cela ne me rapporte quelque chose à plus ou moins long terme. Mais ce jour-là, pour des raisons de moi inconnues, j'ai décidé d'aider ce confrère sans aucune autre attente que le plaisir de l'aider à se sortir d'une passe difficile. Savourer les effets de cette prise de position m'apportait de grands frissons d'allégresse.

La nuit succédant à ce jour mémorable, je me réveillai en sursaut et j'aperçus des formes lumineuses dans ma chambre. J'eus d'abord peur de ces manifestations, mais après environ deux heures à les voir circuler autour de moi, sans qu'aucune d'elles n'ait démontré de signes d'agressivité, je cessai de les craindre.

J'étais convaincu que j'étais devenu fou. J'avais probablement trop abusé de l'alcool, du sexe et de mes capacités physiques et je devais être en train de basculer dans la folie. Inutile de dire que je me suis abstenu de parler de tout cela au bureau le lendemain. La nuit suivante, je m'éveillai encore de la même façon, paniqué de voir à nouveau ces êtres désincarnés autour de moi et, sans intention de ma part, un rayon de lumière s'échappa de mon front vers l'un d'eux, ce qui sembla lui faire mal. Il disparut ainsi que tous les autres.

Je suis resté assis dans mon lit, incapable de me rendormir, et ce, jusqu'au lendemain matin. Je réfléchissais. Et si cela était vrai ? Impossible !

Je payais un espace de stationnement dans les sous-sols de l'édifice du siège social de la compagnie pour laquelle je travaillais. À chaque matin, je devais chercher un endroit libre pour stationner dans les quatre étages souterrains réservés à cet effet. Ce matin-là, une voix intérieure qui n'était pas la mienne m'indiqua que si j'allais à l'étage E, stationnement numéro 23, je pourrais m'y stationner. Je m'y rendis, il était libre !

Je ressentis toute une gamme de craintes, d'incertitudes et de doutes. Je montai dans les ascenseurs comme un automate. Je ne savais plus que penser. Je devais bien être réveillé car ceux que je rencontrais l'étaient, eux. Mais ils étaient ignorants du volcan qui mijotait en moi.

Pendant quelques jours, « ils » continuèrent à me parler de la même manière. Ils me disaient où étaient mes clefs, où retrouver un livre perdu, ce genre de choses. Je sus plus tard qu'ils agissaient ainsi pour me rassurer et afin de démontrer que je n'étais pas fou. Ils voulaient que je *sache* qu'ils existaient réellement et que j'accepte que tout ce que j'avais cessé de croire quelques dix-huit années plus tôt était encore plus réel que tout ce que j'avais imaginé.

Une voie à sens unique

Toutes ces découvertes bouleversèrent et renversèrent ma vie. Je me suis mis à discuter avec eux avec le plus grand intérêt. Ce qu'ils m'apprenaient n'était contenu dans aucun livre. Par exemple, ils m'enseignèrent les mécanismes de la réincarnation. Quand j'en assimilai les rouages, mes craintes de la mort disparurent complètement. En effet, je savais (plutôt que croyais) que ce qui succéderait à la mort de mon corps serait d'une nature encore plus agréable que ce que nous appelons la vie.

Je compris ce que Jésus voulait dire quand il affirmait que la vérité nous rendrait libre. La vérité sur le fait que je n'avais pas « seulement une vie à vivre » venait de me libérer de mes peurs entourant la mort.

Ils m'expliquèrent que mes premières visions de l'au-delà avaient été possibles grâce au fait que j'avais eu des intentions altruistes à l'égard de mon confrère de travail, que j'avais par le fait même augmenté les vibrations de mon corps et que mes sens étaient momentanément devenus plus subtils.

Ils m'indiquèrent des lectures qui m'aideraient à comprendre ces phénomènes : « La Vie des Maîtres » de Baird T. Spalding et « L'initié », d'un auteur inconnu publié dans les éditions de « La Baconnière ». Tout concordait ! C'était magnifique. Je trouvais des réponses aux milliers de questions que je me posais depuis mon enfance. Même mes souffrances passées prenaient maintenant un sens.

Je décidai de lire la bible mais dans une optique différente d'autrefois. Même si les textes originaux furent largement transformés par les différents interprètes et exégètes, les Évangiles devenaient claires grâce aux informations que je recevais de la part de l'au-delà. Je consultai ensuite les enseignements bouddhiques, le Coran et les Védas Hindoues, pour me rendre compte que tous ces courants religieux ont de nombreux points communs, qui convergent tous dans une direction unique, Dieu. Avec un commandement qui regroupe tous les autres, « Aime ton prochain comme toi-même ».

Je me rendis compte que les rencontres de Marie, mère de Jésus, et de Mahomet, prophète de l'Islam, avec Gabriel, étaient de même nature que mes conversations avec l'au-delà.

Mais attention, je ne me compare aucunement à ces gens, ni en grandeur ni autrement. Je tente seulement d'expliquer quelles ont été mes réflexions, dans une voie qui m'était totalement étrangère. Même si je parle de Jésus, de Bouddha, de Mahomet, de Gabriel et de Dieu, je ne fais partie d'aucune religion, secte ou groupe sous l'influence d'un quelconque gourou. J'affirme ne pas en être un moi-même. Je suis un être humain, totalement ordinaire à qui il est arrivé des choses extraordinaires et qui vient vous les confier.

Que faire du passé ?

De quel droit un être aussi impur que moi recevait-il ces enseignements ? Probablement pour les mêmes raisons que celles qui ont tellement influencé la destinée de Marie-Madeleine, de Paul et de François d'Assise.

Je pris conscience que je pouvais oublier mon passé, car le mal que j'avais fait était d'une importance minime, en regard du bien que je pourrais faire dans le futur. Il était impossible de revenir en arrière, alors il serait inutile, voire nuisible, de ressentir le moindre remords ou de la culpabilité. Je devais conserver mes énergies pour construire, non pour détruire. Or, les remords et les culpabilités sont destructeurs, au même titre que les haines, les peurs, les mensonges et autres.

Je pressentis confusément que tout ce qui avait meublé mon passé, comme la consommation d'alcool, les relations sexuelles avec de nombreuses partenaires, l'exercice du pouvoir, pourrait disparaître de ma vie future. Je dois avouer que je ressentis quelques appréhensions car j'avais adoré ces abus. Je me suis dit que je traverserais le pont quand je serais rendu à la rivière. De toute façon, ma nouvelle vie m'avait déjà apporté de grandes joies qui laissaient présager que je gagnerais à changer mes orientations. Les impressions naissantes de liberté que je ressentais m'indiquaient que l'avenir qui m'était réservé dépasserait de loin tous mes espoirs les plus fous. Je n'allais pas être déçu, pour une fois.

Chapitre 4, L'ouragan de la transformation

Une rencontre bouleversante

Quelques semaines après mon premier contact avec l'au-delà, j'avais mentionné à un de mes amis qu'avec les transformations qui s'opéraient en moi, j'étais maintenant prêt à aimer véritablement une femme.

Considérant que je ne nourrissais plus de haines et que je cultivais mes forces d'amour, je sentais que je pourrais offrir à une future compagne un personnage plus intéressant que celui que j'avais été dans le passé.

Le « hasard » faisant bien les choses, des événements fortuits ont amené sur ma route la femme que je cherchais depuis longtemps. Elle était belle physiquement, mais surtout, nous nous ressemblions dans nos personnalités. Mais, il y eut un hic. L'homme que j'étais au moment de notre rencontre, avec toutes ces transformations qui s'opéraient en moi, ne tarda pas à disparaître complètement.

Ma personnalité changeait de jour en jour. Mes priorités devenaient diamétralement opposées à celles qui avaient été les miennes, mais qui étaient encore les siennes. Même si nous sommes demeurés ensemble, la vie commune devint difficile pour nous. Nos caractères, qui avaient été tellement semblables, se dirigeaient dans deux directions différentes.

Je continuais à communiquer avec l'au-delà. Mes « correspondants » m'avertissaient de certaines choses qui allaient m'arriver, entre autres, que j'allais devenir végétarien. J'en avertis ma compagne, ajoutant que je ne savais pas quand ni pourquoi. Plus je laissais mourir mes haines, plus mon amour grandissait y compris mon amour pour les animaux.

Un dimanche après-midi (encore un), alors que nous regardions un film sur la faune africaine, un autre choc se produisit en moi. Des lions chassaient pendant la nuit. Ils capturèrent un cochon sauvage et le dévorèrent vivant, indifférents aux hurlements de la pauvre bête sans défense. Cela éveilla en moi une pitié sans bornes pour l'animal. Je me suis alors dit qu'il n'y avait qu'une différence entre les lions et moi; je payais un boucher pour tuer les animaux alors que les lions le faisaient eux-mêmes. Je ne mangeai plus jamais de viande après ce moment.

Cet exemple expose une des différences qui allaient nous séparer, ma compagne et moi. Plus je cheminais dans la voie de la spiritualité, plus je me sentais serein intérieurement. Par contre, plus nombreuses étaient les difficultés dans notre couple, ce qui créait un dilemme en moi. Je percevais l'appel spirituel avec une force que je me sentais incapable d'affronter, ce dont je n'éprouvais d'ailleurs aucune envie. Cependant, le couple que je désirais former depuis les débuts de mes relations féminines était en train de se détruire.

Le prix à payer

Quand on s'engage sur la route de la spiritualité, surtout au début dans la période de transition initiale, cela s'avère extrêmement difficile pour les gens qui nous entourent car nous naviguons dans une mer totalement inconnue. Nous quittons nos anciennes habitudes dans lesquelles nous étions à l'aise sans avoir maîtrisé notre nouveau genre de vie.

Nous aimons ce que nous découvrons et nous voudrions en faire profiter nos proches. Ce qui trop souvent, malheureusement, revêt l'apparence que nous voudrions les changer. De plus, en raison de sa nouveauté, ce sujet devient le favori de nos discussions. Le reste nous laisse à peu près indifférents. Nous savons où tout a commencé mais nous ignorons totalement où cette route nous conduira.

Pour les conjoints de ceux ou celles qui vivent de tels changements, la vie devient invivable. Ils ne sont aucunement obligés de s'orienter dans la même direction. Ils ne ressentent pas cet appel incontournable et voient ce dernier comme une source de difficultés. Cela leur paraît rebutant. C'est pourtant la dernière chose que nous désirerions.

Pour toutes ces raisons, il serait important de préconiser la plus grande prudence dans nos relations avec autrui au début d'une telle expérience. Attendons d'être solidement installés dans notre nouvelle vie avant d'en discourir inconsidérément. Cela pourrait éviter des conflits majeurs qui n'ont aucune raison d'être.

Un appel troublant

Un après-midi, quelques six mois après mes premières visions avec l'au-delà, j'étais dans mon bureau et « mes voix » m'indiquèrent que je pourrais maintenant démissionner de mon travail. Ils me dirent de ne pas m'inquiéter de l'argent, que tout s'arrangerait au moment où j'en aurais besoin. Vu qu'ils avaient toujours eu raison dans les messages précédents, je me suis levé sur le champ et je suis allé donner ma démission verbale à mon supérieur immédiat.

Même si je ressentais de la frousse après ce que je venais de faire, en sortant du bureau de mon patron ce jour-là, j'avais l'impression d'avoir déposé derrière moi un fardeau énorme. Il y avait maintenant neuf ans que je travaillais comme cadre dans cette corporation et durant les six années précédentes, j'avait fait de même pour d'autres compagnies. Pour un temps, ma carrière professionnelle avait occupé le premier rang de mes préoccupations. Voilà que je n'avais plus qu'une seule idée en tête : me libérer de mes chaînes, quelles qu'elles soient.

Entre le jour de ma démission et mon départ définitif de mon travail du moment, un matin que j'étais emprisonné dans la circulation congestionnée de l'heure de pointe, « mes voix » m'indiquèrent qu'il serait bon pour moi que je me rende en Inde, pour ensuite me diriger dans les contreforts de l'Himalaya, aux environs du mont Everest. Je leur demandai où j'allais trouver l'argent nécessaire à une telle expédition et ils me répondirent que des circonstances inattendues solutionneraient ce problème.

Deux jours plus tard, je recevais un appel téléphonique d'une compagnie internationale qui désirait m'offrir un contrat de six semaines au Maroc. Je n'avais fait aucune démarche dans ce sens, cela tombait tout bonnement du ciel, « par hasard ». Non seulement le dit contrat me procurait la somme nécessaire au voyage mais, du Maroc, je n'avais qu'à continuer vers l'Inde, ce qui me faisait économiser considérablement pour les frais du voyage. Quand j'appris cela à ma compagne, ça lui a porté un autre coup car rien ne disait que j'allais revenir dans les messages reçus.

Chez certains de mes frères et soeurs, ces événements ne cessaient de les inquiéter. Ils m'appelaient continuellement au téléphone pour que je revienne sur ma décision de démissionner. Pour eux, il était impensable de laisser un travail aussi bien payé sans avoir la possibilité de travailler ailleurs. Quand je leur appris qu'en plus, je partais en Inde sans certitude de retour, l'un deux décida de me faire interner pour ma propre protection car, disait-il, j'étais sûrement à mon insu en dépression nerveuse. Je dus lui promettre de revenir pour qu'il cesse ses démarches. J'avoue qu'à cet instant, cela s'avérait être un mensonge car je n'avais aucune certitude à ce sujet.

Les adieux

Nous étions, ma compagne et moi, à l'aéroport international de Montréal. Nous allions bientôt nous quitter sans savoir si nous allions nous revoir. Nous étions tous deux en larmes. Même si ma métamorphose avait creusé un fossé entre nous, notre passion était encore d'une grande profondeur.

C'est probablement le seul moment, dans toute cette conjoncture, où des doutes sont venus m'habiter. Je me demandais si j'avais le droit de lui faire cela. Ses larmes me déchiraient. Il s'en est fallu de peu pour que j'envoie tout en l'air et que je remonte en voiture avec elle. Mais je sentais aussi que la chance qui m'était offerte était unique. Non seulement pour moi, par égoïsme, mais aussi pour les autres, par altruisme. Car je savais que ce voyage allait éveiller en moi des possibilités d'aider mon prochain dans sa quête du bonheur. Je n'avais tout bonnement pas le droit de reculer. Je n'étais pas le seul concerné. De plus, « on » m'avait assuré que cette séparation allait aussi profiter à celle qui pleurait dans mes bras. Nous avons décidé qu'il serait moins douloureux pour tous les deux, que nous nous séparions dans le stationnement. Je pris dans une main mes bagages et dans l'autre mon courage. Un ruisseau de larmes coulait sur mon visage. Je suis parti.

Les six semaines au Maroc défilèrent à une vitesse incroyable. J'écrivais de longues lettres à ma compagne. À la veille de mon départ pour l'Inde, nous eûmes une dernière conversation téléphonique car, à partir de ce moment, nous savions que nous ne pourrions plus communiquer. C'était mieux ainsi car il était préférable, autant pour elle que pour mes proches, que les épreuves qui m'étaient réservées leur soient inconnues pour l'instant.

Revenons dans ce train que j'ai bien failli rater et dans lequel je ne savais pas encore de quelle façon on allait m'accueillir.

Chapitre 5, De surprise en surprise

Une découverte dans le train

Debout à l'entrée du wagon, essayant de reprendre mon souffle et de calmer mes tremblements, je me rendis compte que la plupart des gens que je pouvais voir me souriaient.

Celui qui m'avait tendu la main pour m'aider à monter faisait partie d'un groupe de quatre porteurs montagnards (sherpas), comme je pus l'apprendre de la part de l'un d'eux qui se débrouillait en anglais. Ce dernier m'expliqua qu'ils avaient été envoyés à ma rencontre pour veiller sur moi. « On » leur avait donné ma description physique et ils étaient venus m'attendre à l'aéroport pour m'escorter secrètement. Ils m'avaient suivi depuis lors, à mon insu, car « on » leur avait dit que je risquais de faire des erreurs qui pourraient me mettre en danger.

Ils m'apprirent que ce train était celui de Patna, qu'il y avait eu un changement de quai d'embarquement et que je n'en avais tout simplement pas été informé. Ils avaient été sur le point de sauter du train pour venir à ma défense quand je m'étais mis à courir pour finalement sauter dans le wagon. Ils avaient observé ma recherche des toilettes et ils me demandèrent pourquoi je n'avais pas carrément fait « pipi » sur les rails. Je tentai de m'expliquer sur ce point, mais sans succès.

Même si je commençais à m'habituer aux événements abracadabrants, ce dernier épisode me laissa pantois. Dans le groupe des quatre porteurs, celui qui parlait anglais semblait comprendre ma quête spirituelle. Il n'en était manifestement pas à sa première expérience de ce genre. Je compris que les trois autres étaient en quelque sorte ses auxiliaires. C'est lui qui les avait recrutés pour ce travail. L'un d'eux m'examinait bizarrement. Il semblait habité par certains doutes sur ces prédictions qui ne cessaient de se réaliser.

Ils me firent asseoir entre eux sur un banc fait pour quatre personnes, sur lequel nous étions huit. Le train était bondé au-delà de toute description. Pour ma part, je n'avais pas dormi depuis le Maroc, transitant par Paris, et ayant dû transférer de l'aéroport d'Orly à celui de Charles De Gaule. Bref, j'étais éveillé depuis plus de 48 heures et les dernières aventures avaient drainé le peu d'énergie qui me restait. Je me suis assoupi, assis sur ce banc, tassé comme une sardine.

Quand je me suis éveillé, quelques heures plus tard, une surprise encore plus grande m'attendait. Mes quatre gardes du corps discutaient entre eux en hindi et je comprenais tout ce qu'ils disaient ! Par contre, je ne pouvais m'exprimer dans cette langue. Bien que ces manifestations spirituelles toutes plus étonnantes les unes que les autres me rassuraient sur le bien-fondé de ma venue en cette lointaine contrée, elles continuaient à semer le désarroi en moi. Avais-je toute ma raison ? Pourquoi moi ? Où tout cela allait-il me conduire ? Ces questions et de nombreuses autres me torturaient l'esprit. J'écoutai cependant ce qui meublait le dialogue de mes compagnons.

Celui qui semblait sceptique ne cessait d'argumenter avec son chef, lui mentionnant qu'ils ne savaient même pas si j'avais un billet pour ce train et que si un contrôleur venait à se présenter pour vérifier, ce serait eux qui seraient tenus responsables si je n'étais pas en règle. Il ajouta qu'ils prenaient trop de risques pour moi, un total étranger.

Ils ne voyaient manifestement pas que je les comprenais dans la langue locale. Le chef lui répondit que s'ils avaient couru un danger quelconque, son « maître » l'en aurait averti, ce qui ne sembla pas rassurer le sceptique outre mesure. Ils constatèrent que je m'étais éveillé et le chef me demanda de lui montrer mon billet. Je le lui tendis et le billet fut passé de main en main. Cela mit fin à cette discussion.

En Inde, les trains s'arrêtent dans chaque village. À chacun de ces arrêts, des colporteurs entrent dans les différents wagons, offrant du thé chaud servi dans des petites tasses jetables en terre cuite. Ils offrent aussi toutes sortes de choses à manger. Je dois avouer que j'étais un peu méfiant sur la nature de ce que l'on m'offrait et je refusais poliment. Le chef me demanda si je me privais de nourriture pour pouvoir méditer. Je répondis oui pour éviter les questions. Je n'avais tout simplement pas faim.

Tout ce qui m'arrivait me mettait dans un état où les besoins physiques importent peu. Ma vie du moment était un bouillonnement d'émotions diverses. Imaginez que vous êtes au cinéma et que, soudainement, vous êtes transportés dans l'écran avec des acteurs mondialement connus. Certainement que dans une telle circonstance, vous ne penseriez pas à vous acheter du « pop corn ».

L'ignorance est parfois souhaitable

Même si mes « invisibles anges gardiens » semblaient tout savoir sur ce qui m'arrivait, ils ne m'informaient par contre qu'en certaines circonstances choisies par eux. Il m'arrivait de leur demander conseil pendant ce voyage car je me sentais seul et vulnérable. Parfois, ils me répondaient et me donnaient le renseignement souhaité. D'autres fois, ils m'indiquaient que je devais me débrouiller seul. Et finalement, il arrivait aussi qu'ils restent tout simplement silencieux.

Je commençais à réaliser que ce voyage comportait en lui-même des enseignements et des épreuves souhaitables. À ce titre, je devais être tenu ignorant de ce qui m'attendait, pour que les dites épreuves conservent leur valeur d'inattendus et d'impromptus. De plus, en certaines occasions, si j'avais su à l'avance ce qui allait m'arriver, j'aurais fui à toutes jambes sans affronter mon destin. Par conséquent, j'aurais perdu des opportunités de progresser. Bref, on me privait d'informations pour mon propre bien. Réaliser ce fait m'aida grandement, non seulement dans cette expédition, mais aussi dans la vie de tous les jours.

Il faut également prendre en considération que ces gens de l'invisible ont autre chose à faire. Ils s'occupent aussi de bien d'autres novices qui, comme moi, ont entrepris de parcourir la route de la grande libération. Ils travaillent en fonction de priorités qui nous sont inconnues mais qui respectent une logique inéluctable. Nous aimerions qu'ils accourent au moindre appel, ce qui créerait rapidement une relation de dépendance et nous enracinerait dans une position de permanente faiblesse. Il faut que nous grandissions et que nous devenions autonomes. Pour ce faire, nous devons apprendre à marcher seul sur le chemin.

Cela peut nous paraître drastique qu'on nous laisse seuls en certaines circonstances, mais en réalité, cela démontre aussi la confiance qu'ils ont en nous. En effet, plus on laisse de responsabilités à quelqu'un et plus on le tient en haute estime. Il ne s'agit pas ici de se gonfler d'orgueil, mais plutôt de comprendre les mécanismes des relations entre l'au-delà et le monde physique connu des sens corporels.

Le début des confirmations physiques

J'avais entrepris ce voyage pour répondre à une invitation provenant de l'au-delà. J'avais comme objectif de réaliser des progrès personnels importants au cours de ce pèlerinage.

Je dois ajouter que je ressentais le plus grand plaisir à voir de mes propres yeux le dénouement de ces révélations provenant de l'invisible. Cette équipe qui m'attendait pour m'escorter. Ce fait vécu par moi de comprendre le langage hindi avec lequel je n'avais jamais eu le moindre contact. Je vivais et voyais de mes propres yeux ce que jusque-là j'avais un peu peur d'avoir rêvé.

Je demandai au chef de mon escorte s'ils allaient m'accompagner jusqu'à ma destination finale, le village de Darjeeling. Il me répondit que leur mandat à mon égard se terminait à Patna, ville située géographiquement à mi-chemin de mon but.

Avant de quitter le Canada j'avais pris des photos de ma compagne, et d'autres d'un élevage de grands chiens blancs que nous étions allés visiter ensemble quelque temps avant mon départ. J'avais voulu emporter avec moi ces souvenirs, au cas où je ne reviendrais pas ou pour garder un lien avec mon port d'attache si je devais revenir. Dans cette étape en chemin de fer qui commençait à devenir interminable (48 heures entre New Delhi et Patna), je sortis mon éventail de photos pour les examiner à loisir. Je ressentis à nouveau le gouffre culturel qui existait entre ces gens du peuple et le citoyen nord-américain que j'étais.

Les différences semblent étranges

Lorsque je sortis mes photos, une centaine de paires d'yeux se tournèrent vers mes mains, et ce, d'un seul coup. Tout le monde voulait les voir, non seulement ceux qui étaient tout près de moi, mais le wagon tout entier. Je ne pus faire autrement que de laisser circuler mes « précieuses » photos, non par crainte qu'on me les prenne de force, mais par souci de ne pas leur faire de la peine si je leur refusais le loisir de pouvoir les examiner. Quand mon « précieux » bien fut parvenu à l'autre bout du wagon, je commençai à penser que je ne les reverrais plus, ces photos, ou qu'à tout le moins elles me reviendraient abîmées. Eh bien non, elles me revinrent, et en plus, tous ces gens en avaient pris tellement soin qu'elles étaient restées intactes.

Pourquoi attacher autant d'importance à un fait aussi banal ? À cette époque, il me paraissait de première importance de récupérer ces fameuses photos. Dans un train d'une propreté douteuse pour un occidental, entouré de gens qui ne possèdent à peu près rien, on a continuellement l'impression d'être sur le point de se faire salir ou dévaliser.

Un autre argument m'apparut ultérieurement : les choses prennent l'importance que nous leur donnons et cette importance se retrouve presque toujours largement exagérée. Imaginons un parent (père ou mère) qui observe son enfant égarer son jouet favori. Imaginons aussi que l'enfant en question attache une importance majeure à ce jouet depuis des années. N'avons-nous pas tous un jour observé des enfants qui sont profondément attachés à une couverture, un ourson en peluche ou une poupée ? À tel point qu'ils dorment avec ce jouet, qu'ils se promènent partout avec celui-ci et ils seraient prêts à déclencher une troisième guerre mondiale si l'on s'avisait de les séparer de leur précieux bien !

Revenons à ce parent qui assiste à la détresse de son enfant. Dans son esprit, il sait bien que si le jouet devait être perdu à jamais, l'enfant viendrait à l'oublier et le remplacerait bientôt par d'autres priorités. Le jouet a donc l'importance que l'enfant lui accorde. L'adulte averti est conscient de cette situation mais pas l'enfant. Même si le parent compatit à la peine de son enfant, il ne s'inquiète pas outre mesure des conséquences de cet événement. Il « sait » que tout ceci n'est que passager, il demeure confiant du fait que le soleil se lèvera demain, apportant des joies d'une autre nature à l'être tant aimé.

De la même manière, si un sage avait lu dans ma pensée, il aurait su que si mes photos ne m'étaient pas revenues, cela n'aurait eu de gravité que celle que j'aurais donnée à cet incident. Avec le temps, je serais passé à autre chose et tout cela aurait été oublié sans autre cicatrice qu'un souvenir, que j'aurais pu accompagner d'un sourire en pensant au grand enfant que je personnifiais à ce moment-là.

Mais n'en est-il pas de même des automobiles, des bijoux ou des maisons ? Je ne voudrais aucunement insinuer que nous devons abandonner ou oublier ces biens. Mais il serait sûrement souhaitable de les considérer avec un oeil adulte. Utilisons les biens matériels sans laisser ceux-ci nous utiliser. Soyons-en le maître, non l'esclave.

Chapitre 6, La peur d'avoir peur

Que va-t-il arriver maintenant ?

Après ces réflexions, je me suis à nouveau assoupi. À mon réveil, malheureusement, je réalisai que je ne pouvais plus comprendre le langage hindi. Sachant que mes gardes du corps me laisseraient seul à Patna, je ressentis de l'appréhension sur ce qui allait se passer dans cette ville. Qu'allait-il m'arriver à la gare ? Allait-on à nouveau tenter de s'en prendre à moi ? Comment allais-je faire pour découvrir la route à prendre pour atteindre ma destination finale ? Autant de questions qui faisaient naître en moi une forte inquiétude. Au Canada, quelque temps avant mon départ, dans une discussion que j'avais eue avec une « voyante », cette dernière m'avait annoncé que je rencontrerais possiblement la mort dans ce voyage afin de me réincarner le plus tôt possible, ce qui me permettrait de repartir à zéro et ainsi de maximiser mes chances d'évoluer. À l'époque, j'avais envisagé cette possibilité avec une certaine indifférence mais, en y repensant dans ce train, cette éventualité faisait grandir en moi une sourde peur qui me rendait grandement mal à l'aise. Allais-je souffrir avant de m'éteindre ? Comment ma compagne allait-elle prendre la chose ?

Dans ma famille, un de mes frères était décédé dans un accident de bicyclette à l'âge de treize ans et ma mère en était venue à un doigt de devenir folle de douleur. Si moi, le plus jeune de ses neuf enfants vivants, je devais subir un sort aussi dramatique, allait-elle sombrer dans une souffrance insoutenable pour elle ? Mon père était mort depuis longtemps à cette époque.

Le train serpentait dans un décor assez impressionnant. Étant donné la très grande population de l'Inde, dans une superficie de beaucoup inférieure à celle du Canada, nous avons tendance à croire que les étendues sans villes sont plutôt restreintes. C'est une erreur car je pouvais admirer de grands espaces agricoles, avec des habitations largement éloignées les unes des autres.

Le problème de pauvreté réside dans le fait que moins de 1% de la population possède l'ensemble des propriétés terriennes. L'autre 99% se morfond dans une misère indescriptible. Le soir, dans les immenses champs, je pouvais voir des groupes de 10 à 20 personnes assemblées autour d'un feu. Ce sont les ouvriers agricoles. Ils ne possèdent pas de maison, le salaire que les propriétaires leur accordent se résume au droit de manger et de s'habiller à même l'exploitation. Ils dorment dans des abris fabriqués avec des matériaux hétéroclites. Ils ne peuvent souhaiter de mieux pour l'avenir de leurs enfants qu'ils puissent continuer à jouir des mêmes privilèges. Car c'est un privilège dans ce pays de pouvoir manger et se vêtir !

Nous étions arrivés suffisamment près de l'Himalaya pour que je puisse voir au loin les neiges éternelles. Un paysage à couper le souffle. Le point de vue était tellement magnifique que mes appréhensions sur l'avenir immédiat s'éloignèrent. Il ne restait qu'une demi-heure avant l'entrée en gare de Patna. Depuis mon départ de New Delhi, soit 48 heures auparavant, je n'avais à peu près pas mangé ni bu. Ce qui n'entre pas n'a pas non plus à ressortir et je m'en félicitais.

Dans le train, le problème des toilettes ne se posait pas, car il y avait dans chaque wagon des toilettes à la turque qui aboutissaient inexorablement sur les rails. Mais dans la gare de Patna, je me doutais bien que les sanitaires allaient encore briller par leur absence. Peu désireux de revivre mon expérience de New Delhi, je m'abstins de manger et boire plusieurs heures avant l'arrivée prévue. De toute manière, en de telles circonstances, nous ne ressentons pas la faim, sans pour autant connaître de faiblesse physique. Les poussées d'adrénaline se succèdent les unes après les autres.

L'arrivée à Patna

Le train s'arrêta enfin à la gare de Patna. Je réalisai rapidement que cette ville était un immense carrefour ferroviaire entre les quatre points cardinaux du pays. Il y avait une foule considérable sur les quais. Même si je savais que les sherpas constituant mon escorte allaient dans une autre direction que la mienne, mon premier réflexe fut de la suivre pour pouvoir continuer à bénéficier de sa protection. Je persévérai dans cette voie sans issue pendant environ 500 mètres, mais je dus rebrousser chemin car ils marchaient très vite sans s'occuper de moi. Je n'étais maintenant plus dans la gare mais plutôt dans un immense marché en plein air. La population locale ne m'accordait que peu d'attention.

Je réussis à retrouver ma route pour retourner à la gare. En pénétrant dans cette dernière, je fus à nouveau envahi par une nuée de mendiants. Mais j'avais eu ma leçon à New Delhi et je demeurai sourd aux centaines de demandes dirigées vers moi. De plus, je disposais de peu de ressources pour un voyage aussi long et je n'avais aucune idée de la manière dont allait se dérouler le reste de l'équipée.

Il était environ 10:00 heures du matin. Je pus, fort heureusement, consulter un employé d'un kiosque d'informations qui parlait anglais et qui m'indiqua gentiment le train que je devais prendre. Ce dernier ne partait qu'à 21:00 heures. Cela signifiait une attente de onze heures, ce qui me parut aussi long qu'une semaine. Je constatai rapidement que l'employé en question allait être pour moi plus qu'un guide touristique. Il était lui-même un « chéla », ce qui signifie élève d'un maître spirituel. Il avait l'habitude de ces étrangers en provenance de différents pays qui se dirigeaient dans la direction de Darjeeling. Il me demanda si j'avais 33 ans, ce qui était exactement mon âge. Il ajouta que ceux qui recevaient l'appel pour se rendre à ce lieu de pèlerinage avaient habituellement cet âge.

Il m'indiqua clairement et précisément l'ensemble des étapes que je devais parcourir pour atteindre Darjeeling. Il m'informa qu'à la prochaine gare ferroviaire après Patna, je serais attendu par un coolie conduisant une bicyclette taxi et qu'il m'amènerait au prochain moyen de transport. Il ne voulut pas me dire quel serait ce moyen de transport, retenant un petit sourire. Je compris plus tard ce que cachait ce sourire fugitif. J'étais tellement content et rassuré par ces informations que je voulus lui donner un pourboire. Il refusa aimablement, m'affirmant que son maître veillait à ce qu'il ne manque de rien et qu'il n'avait rempli que son devoir en m'aidant ainsi.

Il me prévint d'être prudent avec mes objets personnels, car ils faisaient souvent l'objet de vols par les traînards sur les quais des gares. Sur ce, il ferma son kiosque, me souhaitant bon courage.

Il n'était que 11:30 heures du matin, encore neuf longues heures à tuer avant mon départ. Je me dirigeai vers le lieu où on achetait les billets. Trois ou quatre présumés guides me proposèrent d'aller acheter mon billet à ma place. Je n'avais qu'à leur donner mon argent pour payer le billet et, contre un salaire de 10 roupies (environ 65 cents à cette époque), ils feraient la queue pour moi. Je refusai et me fondis dans la file d'attente qui était tout aussi anarchique que celle de New Delhi. J'eus cependant beaucoup plus de facilité au guichet, car les informations obtenues de mon ami « chéla », me rendirent les choses pour ainsi dire normales pour ce qui concerne l'achat d'un billet de train.

La population locale connaît les difficultés que rencontrent les étrangers pour se diriger vers leurs destinations. Premièrement, en raison des différences de langage, deuxièmement parce que le réseau de transport indien diffère grandement de celui des pays industrialisés. Il y a donc une micro-économie autour des déplacements des étrangers. On se fait continuellement offrir de tels services de « guidage ». Certains de ces guides se comportent de manière honnête, mais d'autres prennent votre argent et disparaissent purement et simplement.

D'autres épreuves dans une gare

L'endroit où on devait acheter les billets ne faisait pas partie intégrante de la gare. Avant d'entrer dans la gare proprement dite, je me suis assis sur mes bagages dans un immense vestibule. Je redoutais de connaître une expérience similaire à celle de New Delhi. C'est une forme caractérisée de la peur d'avoir peur. En effet, je ne courais aucun danger immédiat mais j'avais peur d'être confronté à un événement qui pourrait fort bien ne jamais se présenter. En admettant même que quelque chose de grave m'attende à l'intérieur, le redouter auparavant ne servait qu'à me faire perdre mes moyens et à m'empêcher de profiter du moment présent. Bref, la peur ne m'amenait strictement rien de constructif et me détruisait à petit feu.

Après avoir pris conscience de ce fait, je me suis raisonné avec violence et je pénétrai dans la gare en me disant que s'il était pour arriver quoi que ce soit, je m'en occuperais le moment venu.

Parvenu à l'intérieur, alors que je me promenais sur le bord des quais, un adolescent se précipita vers moi pour me demander la charité. Un soldat qui passait par là intervint en lui administrant des coups de bâtons, en lui criant des imprécations pour moi incompréhensibles, qui devaient ressembler à des avertissements de laisser en paix les passagers en partance. Cela me fit pitié mais que dire ou faire ?

Je pris place sur un banc, essayant de me faire le plus petit possible. Des milliers de personnes circulaient autour de moi. En tant qu'étranger, j'attirais inévitablement l'attention. J'étais souvent l'objet de regards hostiles, ce qui était tout à fait normal, considérant ce que les étrangers britanniques avaient fait endurer à ce peuple pendant des dizaines et des dizaines d'années. Tout à coup, sans avertissement, un attroupement se forma rapidement à quelques mètres à peine de moi. Il y avait quelques sikhs (membres d'une religion de l'Inde, facilement reconnaissables au turban qu'ils arborent avec fierté) et des centaines de gens sans signes distinctifs. Un orateur grimpé sur un monticule se mit à hurler quelques phrases à la foule. À cet instant, le tout s'est transformé en émeute.

Il y avait au moins un millier de personnes qui se frappaient les unes les autres et je me retrouvais pris au beau milieu de cette altercation collective. En zigzaguant et en essayant de demeurer invisible, je réussis finalement à m'en sortir à peu près indemne. Je n'ai jamais su les motifs qui avaient provoqué ce tremblement de foule.

J'en fus quitte pour une nouvelle et immense frousse, à tel point que j'étais baignant de sueurs de différentes températures. Je grimpai sur le bord d'une très haute fenêtre (environ trois mètres du sol) où j'espérais pouvoir reprendre mon souffle et le contrôle de mes émotions. Moi, qui pensais être à l'abri des peurs physiques et être devenu pratiquement blindé contre les craintes entourant une quelconque défaite corporelle ! Et j'essayais maintenant de passer aussi inaperçu qu'un ver de terre, ce qui représente un certain degré de difficultés lorsque l'on mesure plus d'un mètre quatre-vingt-cinq et que notre poids atteint les cent kilos.

Chapitre 7, Aide-toi, le Ciel t'aidera

Attention aux apparences !

Vers les 18:00 heures, je décidai de m'asseoir sur un banc près des quais de gare en observant la foule. Un vieillard (ou plutôt un homme qui paraissait l'être) vint s'asseoir à mes côtés. Il était habillé d'une longue robe brune et se déplaçait à l'aide d'une canne. Je ne le remarquai à peu près pas jusqu'à ce qu'il émette un son plutôt bizarre. Cela ressemblait à un grésillement, venant des cordes vocales et s'échappant à travers les lèvres même si sa bouche était fermée. Mes cheveux, qui sont aussi frisés que possible, se dressèrent sur ma tête car ce son se dirigeait directement à mon oreille et se traduisait dans ma tête en des phrases de langue française parfaitement compréhensibles pour moi.

Je me tournai vers lui pour l'examiner plus attentivement. Il m'intima immédiatement de faire comme si je ne le connaissais pas et comme s'il n'était pas en train de me parler, bref, de faire comme si de rien n'était, et ce, toujours à l'aide de ce bourdonnement qui, vu ou entendu par d'autres, devait probablement paraître tout à fait anodin.

Je n'eus que le temps de voir ses yeux. Ceux-ci n'avaient rien de ceux d'un vieillard. Ils étaient vifs, remarquablement clairs, d'une étonnante vivacité, teintés d'une pointe d'humour et laissant sous-entendre qu'il pourrait éclater de rire à tout moment. Il m'indiqua que pour lui répondre je n'avais qu'à "penser ma réponse" et qu'il la capterait aussi clairement que si je l'avais exprimée à haute voix intelligible à l'oreille. Cet extravagant dialogue se prolongea pendant environ deux heures, soit jusqu'à 20:00 heures, une heure avant l'arrivée de mon train.

Il m'indiqua que nous nous étions connus dans une vie antérieure et qu'il était heureux de me revoir. Il était l'un de ceux qui avaient communiqué avec moi à travers l'au-delà pour m'inviter en ces lieux. Sans pouvoir retranscrire chacune des paroles qui furent échangées ainsi, transformons cette extraordinaire conversation en un échange de paroles.

Lui -Tu as fait preuve d'un certain courage de répondre à notre invitation mais aussi de témérité. Dans le futur, tu devras être vigilant car d'autres que nous pourraient t'adresser de tels messages et t'orienter dans des directions non souhaitables. Tu pourras différencier les bons des mauvais par le simple fait que les messages de progrès te feront ressentir du soulagement, alors que les messages de régression te feront ressentir des inquiétudes.

Moi - Qui sont ceux qui me voudraient du mal ?

Lui - Ils ne te veulent pas de mal, ils t'indiquent ce en quoi ils croient eux-mêmes et ils ont l'impression erronée que tu devrais suivre cette route afin de te sentir bien. La seule différence entre eux et nous réside dans le fait que nous croyons que chaque geste posé doit viser à l'évolution, alors qu'ils croient inconsciemment que l'évolution découle d'actes qui apportent du plaisir. Or, pour évoluer, il faut être prêt à affronter les épreuves nécessaires à notre progrès et qui, la plupart du temps, ne contiennent aucun plaisir par elles-mêmes. Toutefois, cette conjoncture nous aide à trouver la joie à l'intérieur de nous plutôt qu'à l'extérieur. Le bon côté de cette philosophie consiste à nous rendre complètement indépendant de la nature des événements pour trouver le bonheur, sa source résidant dans notre être plutôt qu'à l'extérieur.

Moi - Cela implique-t-il que nous devrions éviter ou même fuir les événements heureux ?

Lui - Non, bien au contraire. Il faut cependant éviter de *dépendre* des événements heureux pour trouver le bien-être. Il s'agit de cultiver la faculté de demeurer serein même lorsqu'il pleut, lors de périodes financières difficiles ou même lorsque le destin nous enlève un être cher. Au surplus, plus on développe cette habileté de joie en temps de crise, plus les crises disparaîtront de notre vie car elles deviennent inutiles; la raison en est fort simple, nous avons alors dépassé ce stade.

Il faut savoir et accepter que les épreuves sont voulues; elles visent l'évolution. Par le fait même, lorsque cette étape est complétée, les épreuves qui y sont reliées sont derrière nous. On pourrait comparer ce facteur aux études nécessaires à réussir un examen à l'école. Lorsque l'examen est traversé avec succès, les études deviennent du passé et on peut dorénavant se tourner vers d'autres horizons.

Moi - Oui, mais jusqu'au moment où nous avons atteint ce stade où les épreuves deviennent inutiles, comment faire pour demeurer serein lorsqu'il pleut par exemple ?

Lui - La réponse à cette question est une science en elle-même. La richesse de la connaître pourrait s'exprimer par le facteur que lorsque nous en avons saisi le mécanisme, nous n'avons qu'à nous servir des mêmes procédés pour maîtriser notre inconfort vis-à-vis des autres épreuves, pour le sublimer en joie de vivre.

Si l'on prend l'exemple de la pluie, voici des types de pensées à maintenir dans notre conscience.

Les événements sont de nature temporaire, après la pluie le beau temps, je n'ai qu'à être patient et la victoire est au bout de la route.

Que nous sommes privilégiés de bénéficier de la pluie, elle stimule les récoltes, verdit les prés et abreuve les animaux. Ce serait beaucoup plus ennuyeux s'il ne pleuvait jamais. Nous vivrions dans un désert où la sécheresse serait notre seule compagne et où nous serions obligés de faire de plus grands efforts pour trouver de la joie dans les épreuves.

Lorsqu'il pleut, si j'élève mon regard vers les cieux, je m'aperçois que ce sont les nuages qui assombrissent l'horizon. Mais, si j'élève ma pensée au-dessus des nuages et que j'utilise mon imagination pour voir en pensée le soleil surplombant ce lit de nuages, et que je maintienne cette image suffisamment longtemps dans mon esprit, je me sentirai rassuré de savoir que le soleil est toujours présent. Je prendrai conscience que, même si je ne le vois pas de mes yeux, le soleil continue à déverser son énergie créatrice sur la terre. Je prendrai conscience que l'association du soleil et de la pluie donne de merveilleux résultats sur notre planète.

Si j'entretiens cette pensée encore plus longtemps dans mon esprit, je sentirai même sur ma peau la chaleur bienfaitrice qui accompagne habituellement les rayons du soleil.

Prends le temps de pratiquer cette technique jusqu'au bout, les résultats te surprendront.

Allons plus loin

Moi -   Pourriez-vous, euh... dois-je vous dire vous ou puis-je vous tutoyer ?

Lui -   Non, tu peux être familier avec moi. J'apprécie par contre la courtoisie de ta question.

Moi -   Pourrais-tu m'entretenir de la même façon sur l'attitude de pensée à adopter face à des difficultés financières ?

Lui -   Les événements sont de nature temporaire, après la pluie le beau temps, je n'ai qu'à être patient et la victoire est au bout de la route. Je t'invite à remarquer que cette introduction est la même que pour la pluie.

Les difficultés financières qui surviennent dans le monde occidental d'où tu origines ne sont jamais capitales. Vous pouvez toujours trouver à vous nourrir, à vous loger et à vous vêtir. Vous pouvez concentrer votre pensée sur ce fait et vous comparer aux pays sous-développés où l'on meurt de faim tous les jours. Ce que vous appelez des difficultés financières prendra une dimension beaucoup plus réaliste.

Toujours dans le monde d'où tu origines, l'inconfort entourant des difficultés financières se manifeste la plupart du temps par votre volonté de ne pas *paraître* pauvre ou miséreux. Vous vous comparez aux mieux nantis et vous avez tendance à vous sentir inférieurs face à eux, à perdre la face et à sentir le poids de leur jugement sans appel qui vous classe dans la catégorie des gens sans intérêt.

Même s'il est souvent vrai que les autres, y compris votre entourage immédiat, portent de tels jugements, l'importance de ces jugements est celle que lui donne la personne jugée. Si vous n'y attachez aucune portée, ces jugements n'en auront aucune. Ils n'ont d'autre force que celle que vous leur donnez vous-mêmes. Ils se nourrissent du carburant que vous leur donnez. Cette énergie que vous leur diffusez est votre propre force. Canalisez ces forces pour solutionner vos problèmes financiers et vous aurez déjà le début d'une solution. Habituellement, lorsque l'on voit luire la lumière au bout du tunnel, on se sent déjà beaucoup mieux.

Concentrez ensuite toute votre vitalité pour accepter que vos problèmes mettront quelque temps à trouver un règlement définitif. Vous avez trop tendance à vous donner des délais irréalistes pour parvenir à vos fins. Des situations nécessitant des mois d'efforts ne peuvent être maîtrisées en quelques semaines ou en quelques jours. Or, voici habituellement les délais que vous vous accordez. S'ajoutent ainsi à vos problèmes financiers d'autres problèmes portant l'étiquette de déception, de découragement et de culpabilité. Ces derniers problèmes n'ont également aucune autre force que celle que vous leur donnez, non seulement dans un évident gaspillage mais aussi et surtout en vous servant de vos propres énergies pour vous nuire à vous-mêmes.

Une telle attitude contribue à vous faire penser que vous ne serez pas en mesure de régler vous-mêmes vos problèmes. Si vous vous mettez à la tâche de travailler à la solution de vos problèmes, ne serait-ce que quelques jours, vous vous rendrez rapidement compte que vous avez avancé. Au lieu d'agir ainsi, beaucoup trop de gens s'apitoient sur leur sort. Ils se demandent ce qu'ils vont devenir, ce que l'on va penser d'eux, ils se diminuent à leurs propres yeux et finissent par ressentir du découragement.

Ces dernières attitudes proviennent de toutes pièces de ceux qui les ressent. Secouez-vous, regardez les événements avec réalisme, attaquez-vous au problème ici et maintenant, accordez-vous *le* temps plutôt que *du* temps et la victoire est obligatoirement au bout de la route. Car ce que l'un d'entre vous est capable d'accomplir peut aussi l'être par les autres, en y mettant le temps et les efforts.

Comme pour la pluie, si l'on examine un problème avec réalisme, on se rend compte que le malheur disparaît et que nous possédons les clefs de notre bonheur. Le dilemme réside dans le facteur que nous ne les utilisons pas.

Ne t'en prends qu'à toi-même

Moi - Donnez-moi quelques minutes pour assimiler tout cela car, en quelques phrases, vous venez de me transmettre la responsabilité de mes problèmes et, d'un même mouvement, vous me laissez miroiter que j'en possède les solutions.

Lui - Tu ne me tutoies plus ? Il arrive couramment que d'autres que toi soient responsables de tes problèmes, ne serait-ce que par un congédiement injustifié, par exemple. Mais si tu restes sans emploi, ne t'en remets qu'à toi-même.

Il peut aussi arriver que l'un de tes semblables soit handicapé par un accident causé par autrui, mais s'il s'apitoie sur son sort, il ne le doit qu'à lui-même.

Moi - N'es-tu pas un peu drastique ?

Lui - Assurément. Mais plus l'événement auquel nous sommes confrontés comporte de gravité, plus nous devons être fermes dans notre résolution à goûter au bonheur quand même. Si tu dois faire pénétrer un clou dans du bois, tu peux utiliser un marteau. Si tu dois faire pénétrer un pieu dans la terre, tu dois utiliser une masse. Aux grands maux, les grands remèdes. Par amour pour celui qui souffre beaucoup, tu dois être prêt à lui conseiller des solutions extrêmes. Veille seulement à l'accompagner dans ses démarches jusqu'à ce qu'il devienne autonome. Celui qui plante un pieu a souvent besoin d'aide au début, ne serait-ce que pour tenir le pieu pendant qu'il lui donne des coups de masse.

Chapitre 8, Laisse ton âme être ton guide

Les enseignements continuent

Pour me donner un peu de recul face à cette révélation, je me levai pour marcher un peu sur le quai de gare. Je vis deux chiens en train de s'accoupler. Eh oui, sur un quai de gare ! C'est chose courante en Inde de voir circuler des chiens et des chats faméliques dans les lieux publics sans laisse ou propriétaire. À la seconde où on s'approche d'eux, ils fuient de toutes leurs forces. Ils vagabondent ainsi à la recherche d'une quelconque nourriture ou déchet, attrapant quelquefois un rongeur. Il est évident que les humains, ayant de la difficulté à trouver leur pitance quotidienne, n'ont rien à donner aux animaux domestiques.

Les femelles ont toujours les tétines gonflées, passant continuellement d'une portée de petits à allaiter à une autre, car les humains n'exercent aucune forme de contrôle sur la reproduction de ces animaux. Ces derniers, laissés à la merci de leurs instincts primaires, s'accouplent à la moindre occasion.

Comme on le sait, les mâles de la race canine, de par leur physiologie, restent coincés à l'intérieur de la femelle après l'accouplement. Cette captivité peut durer de cinq à trente minutes, il suffit de les laisser tranquilles et ils se séparent d'eux-mêmes. Un homme qui passait par là sembla écoeuré de ces chiens entremêlés malgré eux et leur administra plusieurs coups de pieds rageurs. Cela m'expliqua pourquoi ces animaux fuient à l'approche des humains. Je fus tenté d'intervenir pour essayer d'arrêter cet homme. Mais je sentis que cela pourrait m'occasionner des ennuis encore plus graves que ceux subis pas ces deux chiens. On ne manquerait pas de s'insurger contre un étranger qui prendrait parti pour des « chiens » contre un hindou.

Je m'abstins donc de toute intervention mais je dois avouer que ce fut par peur et non par conviction. Je suis convaincu qu'on ne devrait jamais brutaliser des animaux sauf pour se défendre. Je me demandais si j'avais eu tort ou raison d'agir ainsi. Je revins m'asseoir auprès de mon original enseignant, pressé de connaître son avis sur cet épisode.

Moi -   Vous avez vu ce qui vient de se produire avec ces chiens ?

Lui -Oui, mais avant de discourir sur ces chiens, j'aimerais que tu perdes l'habitude de me vouvoyer. Pourquoi as-tu tant de difficultés à demeurer familier avec moi ?

Moi-   Vous êtes beaucoup plus âgé que moi, il est difficile pour moi de te traiter en égal.

Lui -   Il est toujours courtois de vouvoyer un inconnu quel que soit son âge. Il est par contre plus important encore d'être respectueux envers sa manière d'agir et d'être. Si la personne inconnue pratique le tutoiement avec tout le monde, parce que dans son éducation il en était ainsi, il pourrait être préférable de faire comme elle car dans ce cas la courtoisie pourrait être de la tutoyer. Sers-toi également de cet exemple pour d'autres types d'événements car la courtoisie est proche voisine du respect et, le respect est une des dimensions les plus importantes de la route sur laquelle tu t'es engagé.

Moi -   J'aimerais que tu me dises si j'ai eu tort ou raison de ne pas intervenir à propos des chiens et de cet homme qui les brutalisait.

Lui -   Tu as eu à la fois tort et raison. Tu as eu raison quand au fait que la foule aurait mal réagi si tu avais agressé cet homme. Il était difficile pour toi d'intervenir, à cause de la différence de langage et de nationalité, autrement que par l'agression pour qu'il cesse ses agissements brutaux. Où tu as eu tort, c'est de penser que tu aurais pu t'immiscer dans ce conflit. Nul ne doit surestimer ses capacités. Or, il était évidemment au-dessus de tes moyens d'intercéder sans provoquer des difficultés plus graves encore que celles qui survenaient à ce moment. Si tu avais été dans ton pays, en pleine possession de la langue, en pleine connaissance de la culture et n'étant pas seul contre la multitude, tu aurais dû intervenir mais d'une façon paisible et négociée.

Envisageons même la mort

Moi - Revenons sur la science du bonheur. Tu m'as expliqué comment envisager la pluie et les difficultés financières. Pourrais-tu maintenant me parler de la façon de gérer notre peine lors du décès de l'un de nos proches.

Lui - Il me fera plaisir de répondre à cette demande mais avant, j'aimerais te communiquer une chose importante pour acquérir de l'autonomie. Ajoute aux discussions que nous avons tenues ensemble de la réflexion, de la confiance en toi, de la foi sur l'omniprésence du bonheur et tu trouveras cette réponse toi-même. Tu dois te rendre compte, comme toutes les âmes d'ailleurs, qu'elles possèdent en elles les mêmes capacités que les plus évoluées d'entre elles. La progression d'une âme pourrait se comparer au bulbe de tulipe qui, déposé dans la terre avec l'association de l'eau et du soleil, pousse et déploie sa fleur. Ce bulbe est-il supérieur à celui posé sur une table en attente d'être semé et entretenu ?

Mais revenons à la façon d'envisager la mort de ses proches. Un Grand Être a dit que « la vérité vous rendra libre ». Examinons la vérité sur ce que vous appelez la mort. C'est l'enveloppe corporelle qui meurt. L'âme ou la personnalité continue à vivre. Non seulement cette dernière survit au corps, mais elle connaît un bien plus grand confort que celui de la vie qu'elle vient de quitter.

Un proverbe fréquemment utilisé affirme que nous n'avons qu'une seule vie à vivre . Cette affirmation ne tient pas compte que l'âme doit renaître dans un corps autant de fois qu'il lui est nécessaire pour atteindre la perfection Divine, ou le niveau de conscience qu'ont atteint des âmes telles que Jésus de Nazareth, Bouddha, Osiris, Melchisédech et d'autres encore.

Quand on atteint cette certitude, non seulement peut-on réévaluer notre peur de la mort, mais on peut aussi réexaminer notre chagrin face au départ de ceux que nous chérissons particulièrement. Premièrement, ils partent vers un lieu de plus grande félicité. Deuxièmement, nous avons l'agréable assurance de les revoir un jour dans des conditions normalement plus grandioses car, dans l'ensemble nous évoluons constamment. Troisièmement, nous devons comprendre que notre peine les déchire encore plus que nous dans ces circonstances. Ils demeurent tout près de nous au début de leur périple dans l'au-delà et sont à même de constater notre chagrin.

Maintenant que nous savons que nos compagnons voguent sous d'autres cieux plus cléments, il nous appartient de concentrer notre pensée sur ceux qui « vivent » et de nous tourner résolument vers l'avenir. Autant le rire peut être communicatif, autant les pleurs peuvent se répandre et, malheureusement, briser la fragile harmonie de ceux qui nous entourent.

Nos pleurs ne ramèneront jamais les disparus. Nos pleurs torturent ceux qui partent et ceux qui restent. Nos larmes ne contiennent rien de constructif.

Les gens ont tendance à penser qu'une absence de pleurs, en ces circonstances, démontrerait une absence d'amour envers les trépassés. Au contraire, le principal intéressé (le disparu) ne souhaite que votre sérénité. Vos proches souhaitent vous voir forts face à ces épreuves car ils savent qu'ils trouveront dans votre force des moyens pour apprivoiser leur propre chagrin.

Mais attention, il ne s'agit nullement ici de ressentir de la peine et de refouler ses pleurs. Il s'agit plutôt de regarder les choses en face et avec réalisme. De la même façon que nous ressentons de l'harmonie face au jeune couple qui part en voyage de noces, nous devons aussi ressentir de la sympathie face au trépassé qui se libère de ses épreuves terrestres. Nous devons demeurer sereins pour seconder ceux qui souffrent face à cette séparation momentanée et aussi pour que celui qui part puisse le faire en paix. La plus grande souffrance de ce dernier provient précisément du chagrin ressenti par ceux qui restent.

Moi - Ces facteurs sont sûrement déterminants, mais comment les appliquer dans la réalité ?

Lui - Premièrement, il faut y croire. Deuxièmement, il serait préférable de commencer dès maintenant à penser à nos réactions futures, afin de les maîtriser quand surviendront ces événements. Troisièmement, il faut persévérer dans nos efforts jusqu'à ce qu'il soit clair pour nous que c'est la seule façon logique d'envisager les choses. Quatrièmement, il faut prendre conscience que c'est notre sentiment envers le disparu et notre amour pour ceux qui nous entourent qui nous poussent à agir et à penser ainsi. Cinquièmement, il faut persévérer (oui, encore persévérer !) jusqu'à ce que cette manière de faire soit partie intégrante de notre personnalité et de notre être.

Un adieu ou un au revoir ?

Lui - Il sera bientôt l'heure de prendre ton train et nous nous séparerons d'ici quelques minutes. Tu auras droit, cette fois encore, à une escorte pour t'accompagner jusqu'à ta prochaine étape. Tes compagnons seront cette fois des étudiants, au nombre de trois, qui reviennent de l'université et qui se dirigent en Birmanie. Ils ne savent pas que tu te joindras à eux mais il accepteront facilement ta présence. Le plus grand des trois est le leader du groupe, il porte des vêtements d'une couleur bleu ciel et il a pour bagage une grande valise noire avec des roulettes. Tu n'as qu'à rester sur ce banc après mon départ, ils viendront s'arrêter à quelques pas de toi d'ici une vingtaine de minutes.

Moi - Comment vais-je prendre contact avec eux ?

Lui - Tu n'as qu'à leur dire que tu te diriges à Shiliguri et que tu cherches ton quai de gare. Ils te diront qu'ils vont eux aussi à cet endroit et que tu n'as qu'à les accompagner. Tu verras, ils te seront d'une grande aide.

Moi - Comment savez-vous tout cela ?

Lui - La force qui m'informe est la même qui fait tourner la terre sur elle-même à plus de 1600 kilomètres par heure et, dans son annuel voyage autour du soleil, à plus de 100 000 kilomètres par heure. Ne doute jamais de sa toute puissance et surtout de son intelligence et de ses intentions. Voici maintenant le moment de nous dire au revoir.

Moi -   Nous reverrons-nous ?

Lui -   Oui, mais dans un avenir lointain si l'on tient compte de votre manière de mesurer le temps. Va en paix et, surtout, cultive ta foi et ton humilité afin de maximiser tes chances d'arriver au but.

Là-dessus, il se leva et s'éloigna. Je sentis un grand vide en moi et une immense solitude. Il était temps que j'applique ce qu'il venait de m'enseigner.

Chapitre 9, Cessons de le dire et faisons-le

Pratiquons la science du bonheur

Ce sentiment de vide depuis le départ de mon « nouvel » ami représentait une belle opportunité de mettre en pratique ce qu'il m'avait enseigné.

Le vide et la solitude sont de nature temporaire. Après la pluie le beau temps, je n'ai qu'à être patient et la victoire est au bout de la route.

Voici un moment idéal pour réfléchir et faire le point, quel grand privilège que de pouvoir bénéficier de cette solitude.

Ce silence me permettra de renouer avec ma voix intérieure. Je remercie pour ce vide et cette solitude.

Merveilleux ! Penser ainsi me permit de bénéficier de ce vide et de cette solitude plutôt que d'en souffrir. Je me sentis prêt à affronter d'autres épreuves. Était-ce aussi simple que cela ? L'avenir allait me prouver que oui et non. Oui, si on le fait. Non, si on ne le fait pas. Notre bonheur ou notre malheur niche réellement entre nos mains.

Le voyage continue

Je me dirigeai vers un comptoir pour tenter d'obtenir confirmation de l'heure et du quai de mon train. Je ne réussis qu'à attendre quinze minutes dans une chaleur accablante, entouré de toute part par des dizaines de personnes. De plus, j'attirai ainsi l'attention de deux adolescents qui me suivirent ouvertement jusqu'au départ de mon train. Que me voulaient-ils ? Avais-je éveillé leur curiosité par mon statut d'étranger ? Voulaient-ils profiter de la première occasion ou de la moindre inattention de ma part pour voler mes bagages ?

Il restait environ une heure avant l'arrivée de mon train et ils ne me lâchèrent pas d'une semelle jusqu'au départ. Après réflexion, je constatai que je n'avais pas suivi le dernier conseil de mon ami. J'avais manqué de foi. Pourquoi vérifier les coordonnées de mon train ?

Mes guides inconnus avaient jusque-là veillé sur moi, pourquoi douter d'eux ? M'auraient-ils fait traverser la moitié de la planète pour me laisser tomber si près du but ?

Les réponses à ces questions semblent évidentes à la lecture du compte rendu de cette épopée. Mais, lorsque nous vivons une telle aventure, il est un plus ardu de concentrer nos forces et de penser en conséquence.

Je pris conscience que ce pèlerinage allait me donner de nombreuses occasions de cultiver ma foi et d'affronter mes peurs, mes doutes et mes incertitudes. Non seulement de les affronter mais aussi et surtout de les découvrir. Et plus difficile encore, oser m'avouer que je les possède. Si l'on examine les épreuves sous cet angle, elles deviennent des possibilités de progresser. L'affirmation que Dieu éprouve ceux qu'il aime prend un tout autre sens. Elle semble tout à fait sensée si l'on considère que l'on souhaite que ceux que l'on aime aient toutes les chances d'évoluer.

Suivons le guide

Je retournai sur le banc où je devais rencontrer mes « compagnons étudiants ». Ils étaient là ! La réalité semblait de loin dépasser la fiction. Je ne réussissais pas à m'habituer à ces prédictions qui se réalisaient.

Je dis au plus grand des trois que je me dirigeais à Shiliguri et que je cherchais mon quai de gare. Il me répondit qu'ils allaient eux aussi à cet endroit et que je n'avais qu'à les accompagner. Nous utilisions l'anglais pour nous comprendre et nous communiquions assez facilement.

Je ressentis la même impression que l'on ressent parfois de déjà-vu ou de déjà-vécu. Peut-être ces événements expliquaient-ils une partie du phénomène ?

Quoi qu'il en soit, j'étais maintenant nanti d'une escorte de cinq personnes subdivisée en deux groupes. Soit mes deux suiveurs adolescents qui ne me lâchaient toujours pas et qui semblaient un peu déçus de mon association avec mes trois étudiants tombés du ciel, qui avaient effectivement pour destination finale la Birmanie.

Il s'avéra que le plus grand des trois était bel et bien le leader du groupe, nous l'appellerons donc « le leader ». Il était d'une débrouillardise peu commune. Grâce à lui, je pus bénéficier de mes premiers moments de confort en Inde.

Nous prîmes la direction du quai de gare d'où partirait notre train. Imaginez ma surprise de constater que la locomotive de ce train fonctionnait à la vapeur. C'était un voyage à rebours dans le temps. Je pus voir plus tard dans cette expédition d'autres locomotives à vapeur. Ils les utilisent probablement aussi longtemps que ces dernières fonctionnent bien. Il s'avéra que cela ne faisait aucune différence, pour nous passagers.

Le leader me demanda si j'étais prêt à débourser un supplément, environ 50 roupies (à peu près 3 dollars canadiens) pour avoir le privilège de prendre place dans un wagon-lit. Je répondis oui avec empressement car le manque de sommeil commençait grandement à se faire sentir.

Il se dirigea allègrement vers le responsable des wagons-lits et, au bout d'une âpre discussion, il rapporta quatre billets valides pour ce type de wagons. Il m'informa que je ne lui devais que 25 roupies (à peu près 1 dollar 50 cents) car son marchandage lui avait permis de s'en tirer à ce prix.

Lorsque nous sommes montés dans le wagon, les suiveurs adolescents adoptèrent un air déçu et poussèrent l'audace jusqu'à tenter de monter derrière moi. Mais un employé des services ferroviaires les empêcha. Nous prîmes place dans la chambrette à quatre lits qui nous était destinée. Notons que des inspecteurs de train vinrent à quelques reprises vérifier nos billets, alors que lorsque je voyageais en troisième classe aucun ne s'était montré.

Le soulagement ressenti lorsque je m'allongeai sur mon lit ne pourra être vraiment saisi que par ceux qui ont connu l'épreuve de passer plus de quatre jours sans sommeil digne de ce nom. En plus, je me sentais en confiance avec ces étudiants. De un, ils m'avaient été référés par le guide sur le banc. De deux, ils déployaient un visage avenant. De trois, le leader ne m'avait réclamé que la moitié du prix préalablement convenu pour le billet du wagon-lit. C'est plus qu'il n'en fallait pour que je puisse poser ma tête sur l'oreiller et sombrer dans le sommeil. Ce que je fis dans les secondes qui suivirent.

Je me réveillai environ dix heures plus tard, vers les sept heures du matin. Nous étions arrêtés dans une gare. Le leader proposa de me commander à manger. Je lui mentionnai mon végétarisme et il s'exécuta. Il put m'obtenir un repas sans viande qui ne coûta que 5 roupies (environ 35 cents). Connaître les us et coutumes d'un pays vous fait économiser beaucoup d'argent. Certains marchands profitent de votre ignorance d'étranger pour multiplier les prix par dix et souvent plus.

La lumière du soleil, la présence de mes amis étudiants et la dégustation d'un bon repas après une véritable nuit de sommeil contribuèrent grandement à me faire oublier mes craintes et mes incertitudes. En regardant par la fenêtre, je pouvais contempler la chaîne himalayenne avec ses neiges éternelles. Un spectacle incomparable en soi que ces colossaux sommets avec de la verdure habillant des milliers de mètres vers le bas, et une robe toute blanche sur les pics culminant à des altitudes avoisinant celles où pullulent les nuages.

Maintenant que je voyais ces montagnes de plus près, leur gigantisme m'apparaissait plus clairement. Et dire que le but de mon voyage m'amènerait à m'y enfoncer, peut-être pour n'en jamais revenir !

N'oublions pas qu'à ce moment-là, j'ignorais encore si mon voyage comporterait un aller et un retour, ou un aller seulement. Pouvais-je encore faire demi-tour ? Sûrement ! En avais-je le droit ? Sûrement, car tout homme est libre de ses actes. Mais, après réflexion, j'allais sûrement le regretter si je reculais. On ne me donnerait probablement pas de seconde chance. De plus, si ce voyage devait me donner les forces que j'étais venu chercher, je pourrais en faire bénéficier d'autres que moi, ce qui m'obligeait en toute conscience à continuer.

Les prédictions se réalisent encore

Je goûtai à une matinée des plus paisibles, partageant mon temps entre la contemplation des montagnes, d'agréables discussions avec mes amis étudiants et des réflexions personnelles.

Le train arriva à la gare de Shiliguri vers les 14:00 heures et le « coolie » qui m'avait été annoncé par le « chéla », guide touristique de Patna, était bien là à m'attendre. On se rappellera que ce gentil monsieur m'avait donné de précieuses indications sur les prochaines étapes à franchir à compter de ce moment-là.

Le moyen de transport annoncé était une antique, mais alors là, très antique bicyclette à trois roues avec le conducteur pédalant à l'avant et le passager (dans ce cas moi), assis sur un banc au-dessus des deux roues arrière.

Le conducteur devait peser dans les cinquante kilos alors que j'avoisinais les cent kilos. De plus, à partir de cet endroit, nous devions grimper des pentes pour nous rapprocher des contreforts de l'Himalaya. Cette randonnée dura environ une heure et trente minutes, sous un soleil ardent et une température frôlant les quarante degrés Celsius.

L'apparence que nous dégagions devait ressembler à une véritable caricature. Imaginez le nord-américain bien nourri assis confortablement à l'arrière de cette bicyclette, et le « coolie » sous alimenté s'acharnant sur les pédales pour faire avancer le tout, semant d'innombrables gouttes de sueur sur notre passage.

Pourtant, il n'émit aucune plainte et ne s'arrêta nullement. Il était debout sur ses pédales, peinant à la tâche et avançant aussi sûrement qu'une horloge. Il est évident que si j'avais été à sa place, même avec lui comme passager, c'est-à-dire deux fois moins lourd que moi, j'aurais perdu connaissance dans les cinq minutes qui auraient suivi le départ et il aurait fallu une journée ou deux de repos pour me remettre sur pied.

Ces gens fonctionnent-ils à l'énergie nucléaire ? Possèdent-ils un système cardio-vasculaire ? Si oui, à quel endroit ? Ou encore peut-être est-ce nous qui avons la vie trop facile et qui nous plaignons à la moindre ampoule au pied ?

Une leçon d'humilité

Je sentais que j'avais déjà vécu ici. Je savais que j'avais déjà vécu ici.

Je me sentais chez moi dans cet environnement montagneux, je reconnaissais les marchés en plein air. L'air que je respirais (pur s'il en fut) m'était familier. Je me sentis comme l'enfant prodigue qui revient à la maison.

Je commis à ce moment-là l'erreur d'orgueil. J'étais content d'éveiller la curiosité des autochtones. Je ressentais de la fierté à être le point de mire de ces gens simples et agréables. Je me sentais comme un prince parmi ses sujets. Eux vaquaient à leurs occupations en jetant un regard fugitif à cet étranger qui se faisait conduire. Et lui, l'étranger (moi), au lieu d'accepter avec simplicité cette immense chance que de bénéficier de ce privilège, n'était pas loin de se pavaner avec autant d'arrogance qu'un paon.

Fort heureusement, d'autres plus sages que moi allaient me remettre sur la route.

Chapitre 10, Une ascension houleuse

Un peu de description

Après avoir tout donné pour grimper le mastodonte que je suis jusqu'à destination, le conducteur du vélo taxi s'arrêta finalement. Précisons qu'il ne parlait ni l'anglais, ni aucune autre langue se rapprochant de la mienne. Le prix de la course s'éleva à 10 roupies (environ 63 cents), ce qui est une somme dérisoire compte tenu de l'effort fourni. Cependant, dans ce pays, cela lui permettait de vivre convenablement.

Il me guida par signes jusqu'à une voiture taxi et dialogua avec le chauffeur, pour faire les présentations en quelque sorte. Ce taxi devait me conduire jusqu'à Darjeeling, lieu qui, on se le rappellera, constituait ma destination selon les instructions reçues par « mes voix ».

Décrivons d'abord le « chauffeur » de ce « taxi ». C'était un jeune homme d'une vingtaine d'années, népalais d'origine, parlant un tout petit peu l'anglais, portant des verres fumés à la Elvis Presley. Le conducteur du vélo taxi avait déjà négocié pour moi le prix de la course, qui devait durer environ 4 heures, et le montant en avait été fixé à 75 roupies (environ 4 dollars 75 cents). Mais quand il apprit que je venais du Canada, pays voisin des États-Unis, son intérêt pour moi se multiplia par 100. Il argumenta que 75 roupies était un prix ridicule pour une telle course mais je demeurai inflexible.

Décrivons maintenant la « voiture taxi ». C'était un véhicule qui, lors de ma naissance en 1957, devait déjà avoir un âge respectable. En se tassant bien, en Amérique du Nord, nous nous serions peut-être entassés à cinq personnes là-dedans, du moment que ces dernières auraient été de taille moyenne et que les forces policières auraient négligé de faire une inspection technique du véhicule. Car dans une telle éventualité, la vie déjà avancée de cette antiquité se serait terminée à l'instant même.

Ce qui retenait surtout l'attention sur cette voiture, c'étaient les pneus. Ils étaient tellement lisses que si un aveugle en avait fait un examen tactile, il aurait pu facilement les confondre avec les fesses d'un bébé naissant, à la seule différence que les dites fesses ne s'effriteraient pas au toucher.

Le chargement du taxi

Je déchantai encore plus lorsque je réalisai que je ne devais pas être le seul passager de cette inoubliable randonnée, et beaucoup s'en fut. Le « chauffeur » recrutait avec acharnement d'autres voyageurs pour faire l'ascension. Pendant tout ce temps, il revenait me voir pour me poser des questions sur le Canada, ma carrière, ma situation matrimoniale, bref, tout. Et il courait un peu partout à la recherche d'autres passagers payants.

Après environ une heure d'efforts, le « chauffeur » réussit finalement à conclure une entente avec un couple et leurs deux enfants âgés entre cinq et dix ans, ainsi qu'avec une adolescente ayant peut-être quinze ou seize ans et un adulte qui semblait être un ouvrier revenant dans sa famille. Si l'on inclut le « chauffeur » et moi-même, nous étions maintenant huit à devoir entrer dans le véhicule décrit précédemment.

Il s'avéra qu'il avait été prévu que cinq passagers prendraient place à l'arrière et quatre à l'avant. Imaginez que le « chauffeur » cherchait à trouver une personne pour combler la place « libre » à l'avant ! Quand j'appris cela, je convins avec le chauffeur que je paierais 50 roupies supplémentaires mais que nous ne serions que trois à l'avant, dont moi-même. Et trois à l'avant, c'était déjà un tour de force. Ce fut un des deux enfants qui s'assit au milieu et pour cela, il devait avoir le bras de vitesse entre les deux jambes. En ce qui me concerne, je devais sortir mon épaule et le bras gauche par la fenêtre du passager (c'était une voiture britannique conduite à droite de la route). Sinon, à un moment ou à un autre, il est certain que la porte de la voiture aurait été éjectée avec une telle pression qu'elle serait probablement sortie de l'atmosphère terrestre.

Et que dire des personnes « assises » à l'arrière ? Rappelons qu'elles se composaient de trois adultes (le couple et l'ouvrier), d'une adolescente et d'un enfant. Mentionnons seulement que les sardines bénéficient finalement d'un espace relatif, en comparaison de la pression exercée par les autres corps contenus dans cet espace restreint !

L'ascension commence

Puis, ce fut le départ. Au début, nous grimpions continuellement mais sur des pentes peu escarpées et la route était assez large pour que deux voitures s'y rencontrent. Mais quand nous atteignîmes la montagne proprement dite, alors là, fallait le faire !

La route n'était que de la largeur d'un véhicule et il y avait des autobus, des camions, des charrettes tirées par des ânes et tout ce qui peut rouler qui circulaient dans les deux sens. À chaque rencontre, il fallait louvoyer dans les herbes et à travers les arbres longeant la route si c'était possible, ou un des deux véhicules devait faire marche arrière jusqu'à ce que ce soit possible de se croiser. Dans ces montagnes, le véhicule qui descend a priorité, ce qui fait que nous devions pratiquement toujours reculer car nous montions.

Nous serpentions à flanc de montagne et la falaise se situait à notre gauche. Malgré l'état de la voiture, de la route et de la circulation, sans exagérer, le « chauffeur » frôlait les 80 kilomètres par heure ! À grand renfort de coups de klaxon, de freinages brusques, de manoeuvres in extremis pour éviter les véhicules de tout acabit, il roulait à la vitesse maximum possible. En criant à rendre l'âme, je lui intimai de ralentir, mais il me répondit qu'il n'avait pas de temps à perdre car il devait revenir de Darjeeling avant la nuit.

Plus nous montions, plus le gouffre à ma gauche devenait profond. La ville de Darjeeling est située à quatre mille mètres d'altitude. J'acquis la certitude que je n'atteindrais jamais cette ville vivant et je remis mon âme entre les mains de Dieu. Cette dernière phrase ne recèle aucun humour ni aucune amplification. Elle contient tout le sérieux que l'on peut ressentir lorsque l'on roule à des vitesses folles sur une route de montagne en lacets, dans une voiture du siècle dernier, avec un « chauffeur » pour le moins inconscient, sur des pneus pouvant crever à toute seconde, et qu'en plus, à quelques centimètres de la voiture, des précipices de plusieurs milliers de mètres de profondeur menacent de nous engloutir.

Après avoir remis mon âme à Dieu, à la seconde suivante, la peur panique que j'éprouvais depuis un certain temps s'évanouit aussitôt. Le calme et la sérénité prirent naissance en moi. Je ressentis aussi la certitude que si je devais partir pour l'autre monde, ceux qui resteraient derrière moi sauraient se débrouiller, toujours avec l'aide de Dieu.

Je *sus* avec certitude à ce moment-là que Dieu existe. Je sentais sa présence dans la voiture, la montagne, les gouffres que nous longions et surtout dans toutes les cellules de mon corps et tous les pores de ma peau. Quelle importance si je devais perdre ce corps ? Me rappelant toutes mes conversations avec l'au-delà, j'avais le doux savoir que je survivrais à mon corps, que je continuerais à vivre même si mon enveloppe corporelle retournait à la poussière.

De la même façon qu'en branchant une lampe dans une prise de courant, on peut actionner son interrupteur et obtenir de la lumière, ce jour-là, quand je remis mon âme à Dieu, je me branchai sur les forces de l'Univers et j'obtins une confiance et une quiétude jamais connues auparavant. Ma vie était devenue meublée de certitudes. Je pouvais maintenant affronter ce qui paraît le plus inattaquable à l'homme : la mort.

Pourtant, les agissements du « chauffeur » auraient dû m'inquiéter au plus haut point. Il s'arrêtait souvent pour remettre de l'eau dans le radiateur qui laissait continuellement échapper une fumée douteuse. Il négociait les courbes beaucoup plus vite que la raison ne l'aurait permis au plus téméraire des pilotes de formule 1. Rappelons-nous l'état des pneus. De plus, depuis quelque temps, des singes de toutes les espèces traversaient la route et nous avons même eu droit à deux serpents.

Moi qui, à l'habitude, était habité par mille peurs, depuis ce moment divin où je remis mon âme à Dieu, je baignais dans une douce tranquillité.

Un dialogue où l'orgueil cède à l'humilité

À ce moment se fit entendre dans mon oreille la voix la plus douce que nous puissions imaginer. Elle commença par me souhaiter la bienvenue dans ces montagnes. Elle me félicita pour le courage que j'avais démontré en répondant à une telle invitation venant de l'au-delà.

Mais elle continua en ajoutant que cela ne me donnait aucun droit de me sentir supérieur de quelque façon que ce soit aux pauvres gens qui doivent tous les jours affronter l'épreuve de la survie. C'est ce que j'avais fait, si on se rappelle mon attitude lors de mon excursion à bord du vélo taxi. Présentons cette conversation sous forme de dialogue, ce qui d'ailleurs se passa réellement.

Elle - Tu dois te rendre compte du privilège d'avoir reçu une telle invitation, sans compter l'aide de diverses formes que nous avons semée sur ton passage. Même si nous ressentons de l'amour pour toi, de même que pour toute l'humanité d'ailleurs, nous n'intervenons directement que si cette âme se comporte dignement face aux âmes des gens simples.

Comprends bien que nous ne ressentons aucune espèce de rancune ou d'amertume à ton égard. Tu devras simplement élever ton humilité jusqu'au stade où tu considéreras toutes les âmes comme tes égales.

Moi - Cette attitude n'a été nullement préméditée, ne me jugez-vous pas trop durement ?

Elle - Tu as accepté notre invitation comme si tu le méritais. Tu as voulu te joindre à un monde d'adultes, comportes-toi donc en conséquence. Si tu te crois suffisamment fort pour faire partie des âmes dites évoluées, agis comme tel. Demeure vigilant face à tes pensées et quand se présenteront encore de si bas instincts d'orgueil, domine tes habitudes d'ego et sublime tes sentiments au niveau du respect, de la simplicité et de la générosité. Vois bien que plus on s'élève vers les cimes de la pureté, plus on doit respecter volontairement son prochain.

Prends conscience que tu n'as jamais été, que tu n'es pas et que tu ne seras jamais supérieur aux autres âmes. Nous sommes toutes identiques, la seule différence réside dans le degré d'évolution des sentiments. La phrase « les premiers seront les derniers » signifie que ceux ou celles qui voudront s'élever au-dessus de leurs semblables seront, par la loi de cause à effets (ou karma en sanscrit), inexorablement abaissés.

Moi - Oui mais je n'ai aucunement voulu m'élever au-dessus de mon prochain, c'est d'ailleurs une attitude qui me répugne au plus haut point quand j'y suis confronté !

Elle - Il est vrai que cette attitude fut involontaire mais elle n'en était pas moins présente. Tu ne dois en aucun cas dissimuler tes agissements sous le sceau de l'innocence des intentions. Lorsque l'attitude hautaine des autres te répugne, prends conscience qu'eux aussi en sont le plus souvent inconscients et pourtant ils t'agacent, pour ne dire que cela. Car, il t'est arrivé plus d'une fois d'être très sévère face à des agissements semblables.

Chaque âme est responsable de ses actes et de ses pensées. Ce qu'elle néglige d'apprendre par la sagesse, elle devra l'assimiler par la souffrance. Ceci ne représente en aucun cas une punition, mais plutôt un incitatif systématique à cultiver l'évolution continuelle de nos énergies émotionnelles. Nous sommes libres de prendre à la légère ce phénomène universel mais la loi de cause à effets demeure incontournable. Et, il en est bien ainsi car on ne pourrait souhaiter autre chose qu'une justice immanente qui traite à égalité les pauvres comme les riches, les conscients comme les inconscients, les croyants comme les non-croyants.

Moi -   Est-ce à dire qu'il n'y aurait pas de récompense à être croyant ?

Elle -   Non.   Les récompenses à être croyant sont grandes et multiples. Croire permet, entre autres, d'entreprendre et de réussir. Croire ouvre des portes qui seraient autrement restées fermées. Tu ne serais pas venu ici si tu n'avais pas cru. L'athlète n'aurait jamais gagné sans croire. Bref, la réussite accompagne pratiquement toujours de la croyance.

Tu voulais sûrement parler également de croyance en Dieu, comme l'entendent la plupart des religions. À ce point de vue, être croyant amène aussi sa récompense. Croire en Dieu permet de joindre des forces qui nous seraient autrement interdites, comme la sérénité que tu as ressentie tout à l'heure. Croire en Dieu nous ouvre les horizons de l'Absolu, mais croire ne suffit pas, comme il te sera expliqué ultérieurement.

En dernier lieu, croire, ou croire en Dieu, ne peut nullement être considéré comme un passeport universel nous évitant d'être soumis à la loi de cause à effets. Être croyant ne nous permet pas de prendre de haut ceux qui semblent inférieurs à cause de leur pauvreté ou de leur ignorance des connaissances humaines.

Des croyants ont commis des actes auxquels ils devront être confrontés. Ne prenons comme exemple que les nombreuses guerres de religion des derniers millénaires. Ceux qui ont initié ces conflits, de même que ceux qui y ont participé, auront à en subir les conséquences mais à un degré différent. Répétons que cela ne peut, en aucun cas, être considéré comme une punition. Ces âmes doivent apprendre que nul n'a le droit de faire du mal à son prochain. Elles ont omis de suivre le chemin de la sagesse, elles devront supporter les dures réalités de la souffrance afin d'apprendre la voie du respect de leurs semblables.

De toute façon, chacun ne cultive-t-il pas le profond désir d'être traité avec considération, justice et dignité ?

Chapitre 11, Après la pluie, le beau temps

Un peu de repos

Nous gardâmes le silence pendant un temps, ce qui me permit de faire le point. Elle avait sûrement raison et ses arguments sonnaient juste, mais j'acceptai avec une certaine difficulté de me faire remettre ainsi à ma place. J'avais ma fierté. Je commençais, toutefois, à me rendre compte que cette fierté qui m'était toujours apparue comme une qualité, pourrait bien être un défaut.

En effet, si je trouvais ces remontrances réalistes et raisonnables et que ma fierté m'empêchait de les accepter d'emblée, c'est que cette fierté m'empêchait de faire des choses que je devrais faire. Le mot fierté n'était-il pas un terme poli pour orgueil ? L'orgueil n'était-il pas une caractéristique, une habitude qui force à faire des choses à ne pas faire, comme par exemple, se comporter comme un paon devant des pauvres gens?

Auparavant, mon orgueil m'avait paru être une qualité. Je croyais que c'était la source de motivation qui m'avait permis de compléter mes études et d'accéder à une carrière raisonnablement réussie. Il en était ainsi, mais l'orgueil avait aussi ses effets secondaires, par exemple :

- Ne pas vouloir perdre la face dans un couple en n'admettant pas ses torts même si le(a) conjoint(e) a manifestement raison.
- Dans une discussion, ne pas vouloir admettre que les arguments de l'interlocuteur sont plus judicieux que les nôtres afin de « paraître » au moins aussi intelligent que lui, sinon plus.
- Dans un conflit, ne pas céder à l'adversaire, même si le désir de retrouver la paix est intense, seulement pour ne pas « paraître » inférieur(e).

Ou, en affichant une attitude opposée, c'est-à-dire, faire des choses à ne pas faire :

- Vouloir montrer aux autres que nous pouvons absorber de grandes quantités d'alcool, au point de se soûler.
- Vouloir « paraître » plus compétent que nos confrères de travail, au point d'affirmer des choses non vérifiées qui s'avèrent fausses par la suite, ce que nous passons sous silence lorsque nous nous en apercevons.
- Vouloir « paraître » plus intéressant que les autres en racontant continuellement nos prouesses, ce qui parfois plaît à l'entourage mais, parfois aussi, les dérange car eux aussi aimeraient s'exprimer.

Si les lecteurs de ce livre ne se reconnaissent pas quelque part, peut-être reconnaîtront-ils quelqu'un de leur entourage ou feront-ils des parallèles avec certains de leurs propres comportements. Pour ma part, après l'avoir observé chez moi, je réalisai que ces traits de caractère étaient plutôt répandus et qu'ils contribuaient dans une grande proportion aux problèmes de couples, aux conflits familiaux, à l'abus d'alcool et même aux guerres !

Des moments simples mais combien précieux

Pendant ces discussions et réflexions, le voyage se poursuivait dans cette « voiture » et avec ce « chauffeur » pour le moins peu rassurants. Nous continuions à frôler des précipices de plus en plus profonds, mais je baignais dans une douce sérénité. Le « chauffeur » fit un nouvel arrêt, cette fois devant une masure à flanc de montagne.

Cette humble demeure servait de halte pour les voyageurs. On y servait de quoi manger pour quelques roupies (quelques sous) dans la plus grande simplicité. On pouvait s'asseoir sur des chaises en bois, fabriquées avec des branches d'arbres du voisinage autour d'une table du même cru.

Les résidants nous accueillirent avec un sourire en nous offrant des pommes de terre cuites sur la braise, des boulettes faites d'un mélange de légumes et d'épices, le tout arrosé d'eau servie dans des verres en fer blanc. On pouvait même obtenir du thé en déboursant un léger supplément. Jamais restaurant ne me procura un tel confort de l'esprit. Ces gens simples et cette frugale nourriture me délectèrent le cœur.

De précieuses révélations

Nous sommes remontés dans la voiture afin d'attaquer la dernière étape. Nous n'avions pas fait un kilomètre que la voix si douce se manifesta à nouveau.

Elle - Tu as reposé ton âme de notre houleuse discussion et nourri ton corps pour le rassasier. Aimerais-tu maintenant continuer notre entretien ? Je répondrai à tes questions si tel est ton désir ?

Moi - Oui. Comme vous le savez, je suis venu ici dans le but de purifier mon âme de ses imperfections. Je découvre certains de mes défauts sans parfois les avouer immédiatement, mais j'ai toutefois la ferme volonté de les corriger. Dans ce voyage, vais-je pouvoir être purifié ?

Elle - Non. Tu ne pourras être purifié de l'extérieur, c'est toi-même, et ce, suite à des efforts continus et répétitifs, qui obtiendra des résultats. Aucune âme, fut-ce la plus pure, ne peut influer sur les défauts ou les qualités d'autrui. Souviens-toi que le bien le plus précieux que Dieu ait donné à l'homme, c'est la liberté. S'il avait créé un être parfait, ce dernier n'aurait été qu'un robot. Il fallait que la créature ait le choix de la route à suivre pour être l'égal de Dieu, ce dernier possédant intrinsèquement ce choix.

Il est essentiel de comprendre et d'accepter ce fait, c'est pourquoi je me permettrai de t'en parler davantage. Dieu est amour, intelligence et énergie.

Comme tout être, il aime à partager ses attributs et ses plaisirs. C'est pourquoi il a créé l'entité humaine, avec tout le potentiel de perfection tout en ayant le choix de l'exploiter ou non. Il a agi ainsi pour la simple et fondamentale raison qu'un être non doté de la faculté de choix ne pourrait bénéficier entièrement de la liberté. Or, la liberté exige de pouvoir s'orienter sur la mauvaise route, si tel est le désir de l'intéressé.

Il est évident que Dieu n'a nullement souhaité que l'entité humaine fasse un tel choix. Mais, il fallait qu'elle en ait la faculté pour être un être libre à part entière. Dieu a, par contre, instauré une loi universelle afin d'inciter les êtres à chercher la bonne route; nous parlons de la loi de cause à effets. Vos différentes cultures lui ont donné différents noms tels que le karma, le jugement dernier, la loi d'action et réaction, la loi de séquence et conséquences, pour n'en citer que les plus connus.

Cette loi est simple mais incontournable. Chaque être sera tenu responsable de ses actes. Ce qu'il aura fait souffrir à autrui et à lui-même par ses sentiments, ses pensées, ses paroles et ses actes, il aura à en subir les conséquences. Non pas dans un but de punition car Dieu ne saurait punir ceux qu'il aime infiniment. Il vise plutôt la progression de ses enfants vers la perfection Divine.

Certains diront que beaucoup de gens ne subissent pas la conséquence de leurs actes, c'est qu'ils ne tiennent pas compte des multiples vies possibles. Ce qui n'a pas été appris dans cette vie le sera dans une vie subséquente. C'est d'ailleurs pourquoi Dieu a instauré les mécanismes de la réincarnation, dont tu auras l'occasion d'approfondir les méandres un peu plus tard.

Quand tu vois des enfants mourir en bas âge de faim, par « accident » ou même parfois suppliciés, sois conscient que ces entités récoltent de cette façon ce qu'elles ont semé antérieurement et il en va de même pour les parents qui souffrent de tels événements.

Quand tu vois des êtres dont le corps est handicapé, difforme ou malade, tu peux observer les conséquences de leurs actes et la suite logique des mécanismes de la loi.

Pensez-vous que Dieu laisserait des despotes cruels, des fomentateurs de guerres et des tortionnaires continuer à agir ainsi sans les inviter à changer ? N'oublions surtout pas qu'il y a un prix à payer au don de la liberté, même si ce dernier peut parfois paraître très élevé. Rassurons-nous en prenant conscience que tous les malheurs qui semblent souvent nous arriver gratuitement sont plutôt les contrecoups de nos propres actions.

Pour ce qui concerne la purification de l'âme, il appartient à chacun d'atteindre ce but. Nous pouvons te dire comment le faire efficacement mais, en aucune façon, nous ne pourrons le faire pour toi. Il arrive fréquemment que certains demandent à Dieu de faire le travail pour eux. Ce en quoi ils ne pourront obtenir satisfaction car la force appartient à celui qui fait le travail. Dieu veut que la force appartienne à ses enfants plutôt qu'à lui.

Moi - Alors, comment puis-je m'y prendre pour avancer rapidement sans reculer par la suite.

Elle - La première chose à faire serait sûrement de prendre « le » temps plutôt que « du » temps. Ce qui aidera aussi à avancer sans reculer.

Il faut ensuite travailler à développer ses qualités et ses forces plutôt qu'à essayer de détruire ses défauts et ses faiblesses. Les défauts et faiblesses n'ont d'autres forces que celles que nous leur donnons. Y penser de quelque manière que ce soit, signifie concentrer notre attention sur eux et ce phénomène les nourrit même si nous poursuivons le but de leur destruction.

Les qualités comme les défauts sont des habitudes ou des conditionnements de l'âme à ressentir, incitant le cerveau à penser dans une direction ou dans l'autre. De la pensée à la parole ou à l'acte, il n'y a qu'un pas. Si l'on suit ce cheminement, les sources ou les causes sont dans les sentiments, donc dans l'âme.

Par contre, par la pensée et par la persévérance, nous pouvons arriver à modifier les habitudes de l'âme. Nous devons choisir le type de pensées que nous désirons et continuer à les pratiquer jusqu'à ce que nous soyons devenus ces pensées. Autrement dit, notre âme aura évolué dans la direction prise par nos pensées.

Choisissons des pensées qui incitent à construire les qualités, pratiquons-les, nourrissons-les, apprenons à aimer ce type de philosophie et persévérons jusqu'à voir apparaître les premiers résultats. Prenons conscience de ce progrès, encourageons-nous de ce début de victoire pour motiver notre persévérance. Continuons dans cette direction jusqu'à l'aboutissement final.

La beauté de ce phénomène réside dans le facteur que le même processus servira à toutes les facettes de notre vie. Quand on le maîtrise, nous n'avons qu'à l'appliquer à nouveau aux autres qualités que nous désirons développer et il en sera fait selon notre volonté.

En prenant ainsi conscience de notre capacité à devenir ce que nous désirons être, plutôt qu'à demeurer ce que nous sommes devenus à travers les âges, notre confiance en nos capacités augmente à chaque nouvelle victoire. Un pas de plus dans la persévérance et nous pénétrons dans les territoires de la foi. Comme il a été dit par une âme ayant atteint la perfection il y a quelque deux mille ans : « à celui qui possède la foi, tout est possible ».

Chapitre 12, L'ABC de la maîtrise de soi

Mise au point

Imaginez ce que l'on peut vivre, lors d'une telle randonnée, dans une auto surchargée de personnes, accablée par les ans, conduite par un indescriptible excentrique, dans des routes de montagnes longées de falaises, à des vitesses de loin incontrôlables si survenait la moindre anicroche.

Imaginez le sentiment extraordinaire que l'on peut vivre quand, malgré tout, on se sent d'une sérénité solide comme le roc. Imaginez l'humilité qui nous habite en se rendant compte que même si nous vivons ce sentiment, il origine entièrement de notre faculté de remettre notre âme entre les mains de Dieu.

Imaginez le sentiment de liberté que l'on peut vivre en prenant conscience que nous n'avons qu'à exploiter cette même possibilité dans tous les domaines de notre vie; que cette même sérénité nous sera offerte gratuitement, à volonté et pour des temps illimités. Magnifique! Merveilleux! Merci mon Dieu !

Je réitère que je ne fais partie d'aucune religion, sauf d'être né catholique sans être resté pratiquant, que je ne fais partie d'aucune secte ou groupe du même genre. Je ne veux ni fonder une secte ou un groupe; je ne parle aucunement au nom d'une religion, d'une bible, d'un coran, d'une thora, de védas ou autres textes.

Je parle d'une expérience qui m'est réellement arrivée, de Dieu qui m'a réellement aidé comme je le décris et de la libération que j'ai ressentie, que je ressens encore et qu'il me tarde de faire partager avec tous ceux qui pourraient en bénéficier de quelque manière que ce soit.

Imaginez une famille se retrouvant dans le désert sans eau et sans nourriture. Les membres de cette famille décident de se séparer pour avoir plus de chances de trouver de l'eau. L'un d'eux, après de longs efforts, trouve enfin une oasis. N'aura-t-il pas le réflexe de vouloir indiquer, aux autres membres de sa famille qui souffrent de la soif, la direction pour atteindre cette oasis ?

Commençons par le début

Moi - Je me sens exalté par vos paroles et j'aimerais que nous entrions dans les détails du « comment arriver là ».

Elle - Tu peux me tutoyer ou me vouvoyer comme bon te semblera, mais je préférerais la familiarité du tutoiement. Lorsque l'on veut perdre un défaut, ou acquérir une qualité, le premier pas à faire est d'avoir l'humilité de *s'avouer*, et parfois aussi aux autres, que l'on possède ce défaut ou que l'on ne possède pas cette qualité.

On néglige souvent cette première étape pourtant si essentielle. La plupart du temps, les gens réalisent leurs lacunes à des moments passagers dans leur vie, mais ils ne s'y arrêtent pas. Ils remettent au lendemain l'aveu d'humilité qui devrait accompagner une telle prise de conscience. Finalement, ils oublient et continuent comme si de rien n'était. Ceux qui font de réels progrès prennent conscience d'une facette à améliorer, acceptent ce fait avec humilité et sont par conséquent prêts pour la seconde étape.

Il faut ensuite *décider* d'agir. Encore là, les gens négligent couramment de faire l'effort nécessaire à prendre sérieusement la décision et d'une façon irrévocable. C'est fatal car une telle carence mène à l'échec. Si l'on prend la décision de changer, si l'on enracine cette décision au point de ressentir l'importance absolue de poursuivre jusqu'au bout, les autres étapes deviennent relativement faciles. Avec de telles bases, on estimera préférable du moins, de trouver le courage de continuer.

Prendre une décision d'une manière adéquate peut nécessiter plusieurs jours d'efforts et parfois plus. Il faut arriver à ne faire qu'un avec notre décision. Celle dernière doit faire partie de nous, de nos priorités et de nos pensées courantes. Vois-tu qu'une telle conduite ne saurait qu'assurer le succès de nos entreprises ? Vois-tu qu'elle mène directement à des efforts importants ? Vois-tu qu'elle ouvre les portes de la persévérance et donc de la réussite ?

On peut par la suite employer le phénomène qu'il est réalisable de développer une qualité et pratiquement impossible de détruire un défaut. Il faut aimer la qualité que nous voulons acquérir, car faire ce que l'on aime devient non seulement aisé mais naturel.

Pour réussir à aimer la qualité sur laquelle nous avons fixé notre choix, il faut concentrer notre pensée sur les bienfaits de celle-ci lorsqu'elle sera nôtre, plus encore, quand cette qualité sera nous. La subtilité de cette dernière phrase réside dans la différence entre posséder une qualité et être cette qualité.

Après avoir oeuvré sur ces étapes avec acharnement, c'est-à-dire avoir persévéré jusqu'au succès, il ne nous reste qu'à récolter les fruits de nos efforts. Si la réussite s'avérait partielle ou incomplète, réévaluons les points suivants :

- la prise de conscience est-elle totale ?
- avons-nous été suffisamment humbles pour nous avouer totalement notre faiblesse nécessitant d'être transformée en force ?
- avons-nous pris la décision de développer notre qualité, au point que ce désir fasse partie de nous ?
- avons-nous réussi à aimer la qualité visée ?
- avons-nous fait des efforts importants, du moins ceux que nous sommes en mesure de faire ?
- avons-nous persévéré jusqu'à la réussite, par des efforts continus ?

Je t'invite à remarquer que nous te répétons, avec différentes formulations, les mêmes concepts et procédures. Deux ou plusieurs questions peuvent mériter la même réponse. Toutes les facettes de la route à suivre se rencontrent au même carrefour avec les mêmes embranchements soit : la prise de conscience, l'aveu, la décision, l'amour, l'effort et la persévérance. Aussi longtemps que tu communiqueras avec nous, tu recevras des informations autour de ce qui précède, ces facteurs pouvant solutionner n'importe quel problème.

Procédons ici et maintenant

Moi - J'aimerais que tu m'indiques dès maintenant, si tu veux bien, comment développer des qualités précises.

Elle - Je veux bien, mais nous ne travaillerons que sur une seule qualité. Il faut concentrer nos efforts et non les diluer. Travailler sur plusieurs éléments à la fois pourrait nous mener à un échec.

C'est toi qui décideras de la qualité à développer. Je te conseille cependant de choisir une force qui t'aidera à développer les autres par la suite. Bâtissons ce qui t'aidera à construire dans le futur.

Les principales forces requises pour le développement de son âme sont l'humilité, la prise de décision, la persévérance, le courage de nos opinions, l'amour de ce que l'on fait, la concentration et quelques autres, mais la liste est suffisante.

Laquelle choisiras-tu ?

Moi - Pourrais-tu choisir pour moi ?

Elle - Je pourrais mais je ne veux pas. Tu dois accroître davantage ton autonomie. Tu dois t'initier à prendre tes propres décisions car nous ne pourrons et ne devrons pas te conseiller éternellement. Tu deviendrais un pantin dépendant de ses maîtres, ce qui est évidemment à éviter. Et, si tu en viens toi-même à conseiller tes semblables, veille aussi à protéger leur autonomie. Alors, quel sera ton choix ?

Moi - Je crois comprendre que sans l'humilité nécessaire à avouer ses lacunes, rien n'est possible. Alors, commençons avec cette qualité.

Elle - C'est ce que je t'aurais conseillé. Effectivement, il faut toujours tenter d'identifier l'essence par laquelle tout est possible ou sans laquelle rien n'est possible.

Procédons avec l'exemple de l'humilité

Elle - Selon toi, est-ce que l'humilité est une qualité que tu possèdes suffisamment ?

Moi - Non, nous en avons eu un exemple tout à l'heure lorsque je circulais parmi les gens du peuple.

Elle - Tu en as surtout eu un exemple lorsque tu étais dans cette voiture et que mis face à tes actes pour les mêmes circonstances, ta « fierté » ou ton orgueil t'a rendu difficile l'aveu à toi-même de tes sentiments et de tes pensées. Es-tu d'accord ?

Moi - Oui, mais où veux-tu en venir ?

Elle - À vérifier que tu as bel et bien pris conscience de ta lacune, que tu en fais l'aveu et que tu es prêt à passer à l'étape de la prise de décision.

Nous devons voir et accepter ce que nous sommes au moment où nous voulons changer, pour ensuite avouer la nécessité d'un changement. En aucun cas, ceci ne doit nous amener à ressentir de la culpabilité ou du remords qui sont des sentiments purement négatifs, ne contenant aucune possibilité de progrès et nous affaiblissant dans l'affrontement du problème.

Jusqu'à maintenant, cela te convient-il ?

Moi - Au plus haut point et, plus nous en discutons, plus je réalise que l'humilité est un outil précieux pour progresser et pour développer d'autres forces. Comment se fait-il que dans la société d'où je viens, l'humilité est souvent perçue comme une faiblesse associée aux gens de peu d'envergure.

Elle - Parce que tu vis dans un monde d'ego où la démonstration semble plus importante que la performance réelle. Paraître devient un sport pour gentlemen où être est une qualité risible. Tu devras apprendre à t'élever au-dessus d'un tel mode de pensées, tout en demeurant compréhensif pour ceux qui agiraient ainsi.

Je t'avertis à l'avance que ces derniers vont te tourner, toi et ces concepts, en dérision et tenter de te ridiculiser de toutes les manières disponibles à leur imagination. Ce sera un bon exercice pour cultiver une humilité réelle. Ils mettront ainsi à l'épreuve ta

91

faculté à accepter de « paraître » inférieur, tout en sachant que tu as dépassé ce stade, si vraiment tu persévères dans ta recherche du développement de l'humilité.

Moi -   J'avoue que je sens et que je vois le bon sens dans toutes ces paroles, mais cela représente un changement drastique dans mes habitudes de pensées !

Elle -   L'apprentissage de l'humilité est à ce prix.   La pratique de l'humilité, lorsqu'elle est vraiment maîtrisée, ne coûte par contre aucun effort car plus nous la pratiquons et plus nous nous sentons sereins.

Il est maintenant l'heure de passer à la prise de décision sur le développement de l'humilité.

Moi -   Ma décision est prise, je veux continuer cette démarche !

Elle -   Voilà une réponse bien rapide, semblant manquer de consistance. Peut-être cela est-il vrai mais nous allons vérifier ensemble.   Prendre une telle décision implique que tu devras persévérer jusqu'à une réussite totale ou échouer.   Si cette dernière possibilité advenait, tu perdrais confiance dans une méthode qui fonctionne, mais que tu aurais pris à la légère dans son application.   Il faut à tout prix éviter cette éventualité.

As-tu envie de travailler à développer cette qualité, ressens-tu le besoin de faire ce progrès ?

Moi -   Oui, j'ai hâte de commencer, cela m'habite réellement !

Elle -   Es-tu conscient que les efforts que tu devras déployer pour réussir cette tâche empièteront sur tes loisirs ?

Moi -   Oui, et je commence à considérer que ce sera un loisir en soi que de cultiver mon humilité.

Elle -   Quand le découragement se présentera parce que les progrès seront plus lents que ce que tu souhaiterais, feras-tu preuve de courage au point de persévérer, de vaincre tes sentiments d'impuissance et de continuer jusqu'à l'aboutissement final ?

Moi -   Comment évaluer cela maintenant avant même d'avoir débuté ?   N'en faisons-nous pas trop dans cette démarche de prise de décision ?

Elle -   Je répondrai premièrement à ta deuxième question. Non, nous n'en faisons pas trop. Une prise de décision adéquate assure la réussite car elle te dirigera inévitablement vers la persévérance, avec quoi tout est possible et sans quoi tout est impossible. Alors, faisons bien les choses ou évitons totalement de les faire.

L'objection que tu amènes est la raison pour laquelle la plupart des gens négligent de prendre adéquatement une décision et, par le fait même, échouent dans leurs efforts de changement. Ils prennent à la fête du Nouvel An une multitude de « résolutions », pour lesquelles ils ont omis le processus de prise de décision. Il en résulte qu'ils abandonnent dans la plupart de leurs démarches, perdant ainsi confiance dans leurs facultés de devenir ce qu'ils veulent.

Ils essaient, ils échouent. Ils essaient à nouveau, ils rencontrent l'échec à répétition. Finalement, ils affirment de la façon la plus erronée mais avec la plus grande conviction, que l'on est ce que l'on est et qu'il faut s'accepter tel que l'on est. Faux, vraiment et totalement faux.

Nous venons d'entreprendre ensemble la pratique d'une méthode qui permet aux gens ordinaires de réussir des choses qui « paraissent » extraordinaires. Elles ne sont extraordinaires que dans la mesure où la grande majorité échoue dans ce genre d'entreprises. La raison en est fort simple : comme toi présentement, ils contournent des étapes essentielles qui leur paraissent négligeables.

Alors je répète, nous ferons bien les choses ou nous ne les ferons pas du tout. Quel sera ton choix ?

Moi -   Présenté sous ce jour, il est évident que je continuerai. Je n'ai pas traversé la moitié de la planète pour venir à votre rencontre et finalement désobéir à vos arguments !

Elle -   Tu es malheureusement au côté de la question. Il n'est en aucun cas question de m'obéir ou à qui que ce soit d'ailleurs. Il est question d'analyser les faits avec bon sens et de se joindre à la logique lorsque cette dernière nous explose au visage.

C'est à ton besoin de progresser que tu dois obéir et non à d'autres âmes, qui, peu importe leur degré d'évolution, n'ont aucun droit de regard sur tes orientations de vie. Si Dieu a donné la liberté, ce n'est sûrement pas pour permettre qu'elle soit enlevée à quelques-uns par quelques autres.

Moi - Il est difficile, voire impossible, de résister à tes arguments, as-tu donc réponse à tout ?

Elle - Pourquoi résister ? Non je n'ai pas réponse à tout mais le Père qui habite en moi, Lui, a réponse à tout. Une des facultés que tu devras développer un jour est celle de communiquer ainsi avec le Père qui habite également en toi, comme en tous ses enfants d'ailleurs.

Chapitre 13, Quand on veut, on peut

Tout est possible

La voiture continuait de zigzaguer à travers la montagne, « paraissant » mettre ma vie en péril à chaque tour de roues et je découvrais, par discussion télépathique, que nous pouvons accéder à tous les bonheurs.

Que Dieu gagne à être découvert. Sa justice n'est pas seulement un mot comme je l'avais pensé, me référant à la manière cavalière dont j'avais entendu parler de Lui par ses « représentants officiels ». Ils se gargarisaient d'un Dieu affamé de punitions, tout en brandissant le spectre de l'enfer au-dessus de la tête de ceux ayant eu l'imprudence de trébucher, que ce soit de manière consciente ou inconsciente.

Elle - Les découvertes auxquelles tu es présentement initié ne te donnent aucun droit de juger les religions, les prêtres et les « représentants officiels ».

Il n'est aucunement question de penser aux faux pas des autres mais de cultiver le potentiel reçu de Dieu. De toute manière, n'as-tu pas toi-même fait suffisamment d'erreurs dans le passé pour avoir une certaine compréhension envers celles des autres ?

Moi - Ce n'était qu'une pensée fugitive !

Elle - Les pensées, aussi fugitives soient-elles, sont les germes des sentiments, des paroles et des actes. Tu dois apprendre à discipliner ta pensée si tu veux orienter ta vie. Sans cela, tu te dirigeras un peu partout, sans réaliser que l'indiscipline de tes pensées en est la cause.

Revenons à la prise de décision sur l'humilité. Nous en étions à choisir de bien faire les choses ou de ne pas les faire du tout. Je te repose la même question à laquelle tu n'as toujours pas répondu.

Quand le découragement se présentera parce que les progrès seront plus lents que ce que tu souhaiterais, feras-tu preuve de courage au point de persévérer, de vaincre tes sentiments d'impuissance et de continuer jusqu'à l'aboutissement final ?

Prends le temps de réfléchir quelques minutes avant de répondre.

Un peu de réflexion avant le grand saut

Il était évident que j'avais affaire à une âme évoluée. Ses arguments touchaient au plus profond de mon être. Je me rendais compte qu'elle m'offrait comme méthode de progrès la clef passe-partout qui permettrait d'ouvrir toutes les portes de ma propre évolution.

Cette première qualité que je m'apprêtais à développer grâce à son assistance (et son insistance) m'aiderait aussi à développer toutes les autres. Je travaillais depuis près de deux ans à cultiver l'amour, le pardon et l'indulgence. J'avais obtenu suffisamment de résultats depuis lors, pour constater à quel point on peut se sentir bien dans ces sentiments si simples à nommer, mais si difficiles à maîtriser.

On me donnait un coup de main pour atteindre une vraie réussite. Je sentais que cette offre était à prendre ou à laisser. Ces gens semblaient généreux à outrance. Plus je discutais avec eux, plus je me rendais compte qu'il fallait que je fasse ma part de travail, sans quoi, ils me souhaiteraient bon courage et me donneraient rendez-vous quand j'aurais pris davantage de maturité.

J'avoue que je trouvais un peu ardu de me retrouver ainsi face à mes propres responsabilités. Il n'était plus question de rejeter la faute sur la société, ma famille, mon éducation ou tout autre facteur extérieur à moi.

Je me sentais prêt. Je savais que je trébucherais et que la route serait longue mais je me sentais irrésistiblement attiré dans cette voie. Oui, je persévérerais. Je savais que le lieu pour faire le premier pas était « ici », que le moment pour commencer était « maintenant » et que je devais prendre « le » temps et non « du » temps.

La décision est prise

Moi -   Ma décision est prise. Oui, je le veux. Oui, je me sens le vent dans les voiles. Je commence ici et maintenant et j'arrêterai lorsque j'aurai réussi dans ma quête de l'humilité.

Elle -   Bien. Je t'entretiendrai quelque peu sur les bienfaits de l'humilité et après, je te laisserai au plaisir de ta ballade en taxi qui, de toute manière, tire à sa fin.

Tu as quelque fois pressenti, en discutant avec des gens pratiquant l'orgueil ou en t'observant toi-même, que lorsque l'orgueil se présente, l'intelligence s'absente.

Par opposition, l'humilité fait très bon ménage avec l'intelligence. L'humilité permet d'examiner les faits avec objectivité. Elle permet de nous voir tels que nous sommes. Elle permet de donner à César ce qui appartient à César. Elle permet de complimenter ceux qui le méritent sans avoir peur de leur paraître inférieur.

L'humilité nous permet d'agir de façon naturelle sans jouer de jeu ou de personnage. Elle incite les gens à apprécier notre honnêteté dans les sentiments, sans que nous ayons à faire d'efforts pour « paraître ».

L'humilité nous permet enfin de nous avouer nos lacunes, ce qui nous ouvre les portes du progrès et de l'amélioration.

Si tu concentres ta pensée sur ce que je viens d'énumérer, un sentiment d'attirance envers l'humilité naîtra automatiquement en toi et t'aidera grandement à pratiquer cette grande qualité qui permet de vivre sereinement quand nous « paraissons » petits.

Je te conseille d'écrire ce qui précède et d'y référer quand viendront les moments de découragement. Si cela s'avérait nécessaire, recommence aussi le processus décisionnel. Sois dès maintenant conscient que la seule possibilité d'échec réside dans l'abandon et que la persévérance mène à la réussite. Ce n'est qu'une question de temps.

Quand tu seras arrivé à Darjeeling, demande au chauffeur de te guider jusqu'à un hôtel et prend quelques jours de repos avant la prochaine étape du voyage. Il est bon de faire des efforts constants, mais il faut aussi savoir éviter l'épuisement.

Ton avancement est entre tes mains. Au revoir.

Moi - Attendez, j'aimerais continuer cette conversation !

Mais j'étais seul, elle ne me répondit plus à partir de ce moment. Je constatai quelques jours plus tard qu'elle avait eu raison, pour mon plus grand bien, de me laisser me débrouiller. Sur le moment, je me sentis vulnérable au troisième degré.

La route allait être longue avant d'atteindre l'autonomie. Comme un oiseau doit être jeté hors du nid pour apprendre à voler, je devais être laissé seul. Je ne sais si un jour je saurai ce que l'oisillon ressent quand il se sent tomber. Est-ce pire que ce que je ressentis ce jour-là ?

Pied à terre

Voilà, nous étions arrivés à Darjeeling. C'est une ville à flanc de montagne d'une centaine de milliers d'habitants. La dénivellation entre les rues parallèles à la montagne peut atteindre plusieurs dizaines de mètres. Pour les rues transversales à la montagne, l'inclinaison peut atteindre 45 degrés. Bref, marcher dans cette ville tient pratiquement de l'alpinisme.

Mon séjour s'étendit de décembre à janvier. L'altitude y est de près de quatre mille mètres. Le jour, il faisait dans les trente degrés Celsius et la nuit, la température chutait entre les moins cinq et moins dix degrés Celsius.

Nous sommes entrés dans la ville au crépuscule et il était vrai que je me sentais littéralement épuisé. Je demandai au chauffeur, quand tout le monde eut réussi à s'extirper du véhicule, s'il pouvait me conduire à un hôtel. Il obtempéra avec empressement.

Il m'amena à un hôtel où le coût d'une chambre se chiffrait à 240 roupies la nuit, soit environ 15 dollars, une véritable fortune à Darjeeling. Quand le chauffeur vit que j'acceptais ce tarif, il voulut que je lui donne un pourboire pour la randonnée. Je refusai, considérant qu'il avait déjà reçu suffisamment de moi avec les deux passages que j'avais défrayés.

Je trouvais le tarif élevé pour la chambre car, on se rappellera, je ne disposais que de 500 dollars pour un séjour devant durer quatre mois. De toute manière, je ne pouvais disposer de la chambre que pour deux jours; nous étions le 21 décembre et l'hôtel affichait complet à compter du 23 décembre.

Je m'accordai donc ce luxe pour une durée de deux jours. La chambre était dotée d'une vraie toilette, avec une vraie douche et il y avait même un foyer près du lit. Merveille des merveilles !

Je bloquai une chaise sous la poignée de la porte et me laissai choir dans le lit. Ce dernier possédait un point commun avec un hamac, soit la forme creuse en son centre. Je me promis de prendre une douche à mon réveil, ne me sentant plus la force de faire quoi que ce soit.

Chapitre 14, Accueil en Himalaya

Un réveil éblouissant

Vers les 23:00 heures (je le vis après m'être éveillé totalement), je « rêvais » qu'il y avait quelqu'un dans ma chambre. Je m'éveillai en criant, pour constater qu'effectivement il y avait quelqu'un au pied de mon lit. Je criai de plus belle, mais cette fois pleinement conscient. Il disparut, oui, disparut du verbe disparaître, comme par magie.

J'eus le temps de voir que c'était un homme, habillé d'une longue robe et qui ressemblait à celui avec qui j'avais tenu une si longue discussion sur le quai de gare à Patna. Est-ce ma peur ou mes cris qui l'incitèrent ainsi à s'évaporer, je ne le sus que plus tard. Toujours est-il que j'en ressens encore des frissons rien qu'à le raconter.

Quand je me levai, je remarquai que la chaise bloquait toujours la porte et qu'aucune autre voie d'accès n'aurait pu être utilisée pour entrer dans cette chambre. Je réalisai à ce moment qu'il faisait très froid. C'était la première nuit que je passais dans la montagne proprement dite et je ne savais pas combien la température pouvait tomber à compter du crépuscule, comparativement à la vallée.

J'appelai la réception de l'hôtel qui m'informa que le foyer constituait le seul moyen de chauffage de cette chambre. Non, on ne pouvait me fournir du bois de foyer, mais on pouvait me vendre un sac de charbon pour 75 roupies (environ 4 dollars 50). Je dus insister pour qu'on me l'apporte le soir même car le préposé se faisait tirer l'oreille en raison de l'heure tardive.

Je reçus mon charbon quinze minutes plus tard et il me fallut une bonne heure pour réussir à l'allumer. Je dus utiliser une quantité astronomique de journaux et souffler sur la braise naissante avec beaucoup de patience tout en grelottant. Le charbon, quand il est enflammé, est difficile à éteindre. Mais l'allumer avec du papier journal et des allumettes, alors là, faut le faire.

J'étais transis. Au point de devoir enfiler des vêtements d'hiver que j'avais eu la bonne fortune de mettre dans mes bagages. Et pendant tout ce temps, je me demandais si je n'allais pas assister à une autre apparition, devant laquelle il serait peut-être impossible à mon cœur de tenir le coup une seconde fois.

Fais du feu dans la cheminée !

Le feu rougeoyait finalement dans la cheminée et la chaleur succéda au froid. J'en profitai pour prendre une douche. Je dégustai ensuite une barre énergie que je trimbalais dans mes bagages depuis le Canada, quelques deux mois plus tôt. Je me sentis presqu'humain après cela. Il était environ 1:30 heures du matin.

J'étais seul à l'autre bout du monde. Si des bandits s'étaient emparés de moi et m'avaient tué, il aurait été probable que les miens n'entendent plus jamais parler de moi, sans savoir si j'étais mort ou vivant. Maintenant, il faisait chaud et doux dans la chambre, j'étais propre et je n'avais plus faim.

Je tentais aussi de me répéter que les êtres qui veillaient sur moi ne me laisseraient pas tomber. Du moment que leur planification n'impliquait pas de me faire traverser dans le grand au-delà. Rappelons-nous qu'avant mon départ du Canada, on m'avait signalé que je pourrais laisser la vie de mon corps physique dans ce voyage. Bref, je n'avais aucune certitude, sauf peut-être la chaleur apaisante de la chambre. J'avais suffisamment de charbon pour toute la nuit. Je pouvais aller aux toilettes. Je pouvais dormir dans un lit douillet dans une relative sécurité, bref, me plaindre prenait la dimension d'un pâle enfantillage uniquement basé sur des illusions.

Le raisonnement était juste et solide, il ne restait qu'à le mettre en application. N'est-ce pas toujours le plus difficile à accomplir ?

Faisons le point

Je m'assis au pied du lit devant le feu et décidai de noter ce qui m'était arrivé depuis mon arrivée en Inde. En passant, Darjeeling est situé à l'extrême frontière de l'Inde, aux confins des frontières de la Chine, du Népal et du Tibet. J'en profitai aussi pour écrire les conseils qu'on m'avait donnés pour progresser dans le développement de l'humilité.

Ces moments me firent le plus grand bien. Plus j'écrivais, plus le calme s'insinuait en moi. En écrivant sur la sérénité que j'avais ressentie, dans la voiture taxi en remettant mon âme entre les mains de Dieu, je me dis que je pourrais le refaire. Et bien, je revécus le même phénomène. Je redevins confiant, maître de mes peurs au point de n'en plus ressentir du tout.

Je me souvins alors ce qui m'était arrivé un jour lors de la mort de mon père quelques 13 années plus tôt alors que j'avais vingt ans. Nous étions au salon funéraire, ma mère, mes huit frères et soeurs vivants et d'autres parents et amis. Nous étions réunis devant le cercueil pour la prière du soir. J'étais debout à regarder le cadavre de mon père, à qui je n'avais pas suffisamment parlé de son vivant. Des larmes me montèrent aux yeux et des spasmes me tordaient l'estomac.

J'allais fondre en larmes et peut-être ainsi entraîner d'autres que moi qui devaient aussi être sur le bord de la crise. J'eus le réflexe de demander à mon père de me donner la force de résister. À cette même seconde, mes larmes disparurent ainsi que mes spasmes et je retrouvai la même sérénité que je possédais avant d'apprendre le décès de mon père.

Je racontai souvent cette anecdote par la suite car elle m'avait profondément marqué. Rares sont ceux qui n'ont pas une histoire de ce genre à raconter. Il suffit d'ouvrir la porte par le récit de nos propres expériences et voilà, vous recevez en échange d'autres confidences toutes plus surprenantes les unes que les autres.

Je me rappelai aussi une aventure qui était arrivée à ma mère. Au cours de son enfance, elle avait, avec et comme bien d'autres enfants, ri d'un homme handicapé de son voisinage, appelons-le John. Ce dernier leur disait toujours qu'ils entendraient parler de lui après sa mort.

De nombreuses années plus tard, ma mère était couchée seule car mon père travaillait au chantier. Dans la maison, quelques-uns de ses dix enfants (certains n'étant pas nés) dormaient à l'étage.

Elle se réveilla en pleine nuit sentant que quelqu'un tirait sur ses couvertures. Elle n'aperçut personne dans la chambre. Elle se recoucha et les couvertures recommencèrent à bouger. Elle se leva, fit le tour de la chambre et ne vit encore personne. Elle eut l'inspiration que ce devait être John qui se manifestait.

Elle lui demanda de cesser ce manège, qu'elle regrettait ce qu'elle avait fait étant jeune et inconsciente, qu'elle s'en repentait maintenant qu'elle avait acquis davantage de maturité. Les couvertures cessèrent de bouger. Le lendemain, elle apprit que John était bel et bien mort pendant la nuit, à peu près une demi-heure avant qu'elle ne s'éveille parce que ses couvertures bougeaient.

Ma mère m'avait raconté cette histoire et bien d'autres du même acabit alors que j'étais enfant. Je me souviens combien j'en avais été impressionné. Ce que j'en avais retenu, c'est que les être désincarnés, à l'époque pour moi des fantômes, se manifestaient dans un but de vengeance et que nous n'avions aucun pouvoir de les arrêter, sauf de les implorer de le faire. Rien de bien réjouissant ou attirant en soi.

Mes propres expériences, qui avaient débuté depuis environ deux ans, et qui continuaient depuis, avaient une nature toute différente. J'avais encore le réflexe d'avoir peur de ces manifestations, d'où les cris en voyant cet être dans ma chambre ce soir-là. Il est assez difficile de perdre ces conditionnements qui sont bien plus profondément enracinés que nous ne saurions l'imaginer.

Par contre, avec le temps, même ces phénomènes viennent à prendre leur véritable dimension. De nouvelles habitudes remplacent les anciennes. Je dois cependant avouer que même si je me sens de mieux en mieux en présence de l'au-delà, les premiers moments de ces manifestations sont pour la plupart accompagnés d'émotions peu confortables.

Je pris des notes jusque vers 4:00 heures du matin et goûtai finalement au sommeil en toute tranquillité jusqu'au matin 9:00 heures le 22 décembre.

Explorons le décor

Je m'éveillai de bonne humeur, affamé et pressé de me trouver un restaurant où me rassasier. Je n'avais plus envie de me limiter sur ce que j'allais manger ou boire. Il arriverait ce qui devait arriver, et vogue la galère. De toute manière, je me sentais intérieurement et fermement convaincu que je n'avais qu'à manger la nourriture du pays et boire l'eau de la même façon. Je trouverais des toilettes quand j'en aurais besoin et si je devais être malade, ce n'est pas ce que je mangerais ou ne mangerais pas qui y changerait quelque chose.

Je marchai en ville et trouvai un charmant petit restaurant local, où il était facile d'avoir de la nourriture végétarienne à base de légumes, de pain et de noix pour quelques sous par repas. Je pris mes repas à cet endroit à partir de ce moment.

Après un copieux petit déjeuner, j'escaladai la ville jusqu'à un plateau où il y avait un marché. Je m'assis sur un banc pour reprendre mon souffle. Quelques minutes plus tard, un jeune homme vint s'asseoir près de moi et engagea immédiatement la conversation dans un bon anglais. Il était originaire du Tibet et donnait des cours de méditation dans un monastère bouddhiste.

Il m'indiqua que je pourrais me rendre dans un des plus grands monastères bouddhistes situé à la frontière chinoise, et que je pourrais y demeurer à peu près aussi longtemps que je le désirerais. Je pris bonne note de ces informations qui m'intéressaient au plus haut degré.

Il m'indiqua aussi un centre spirituel chrétien situé dans cette ville de Darjeeling. Ce en quoi je fus extrêmement surpris, car si je me serais attendu à y trouver des organisations représentant des religions orientales, jamais je n'eus pensé y rencontrer des monastères diffusant les croyances occidentales.

Je me rendis immédiatement à ce centre spirituel où je fus accueilli par un père tout à fait chrétien, de nationalité indienne, mais qui n'aurait aucunement détonné dans un presbytère de chez-nous au Canada. J'appris, lors de notre conversation, que pendant la saison estivale ce centre accueillait quelques 300 élèves venant y recevoir les enseignements chrétiens en Inde. De surprise en surprise. Je réintégrai mon hôtel pour dormir encore, ayant à ma disposition quelques éléments de réflexions supplémentaires.

Chapitre 15, Visites en Himalaya

Entre la chrétienté et l'orient

Je m'éveillai en fin d'après-midi et retournai à l'endroit où j'avais rencontré le professeur tibétain dans l'espoir de le revoir. Il était là. Nous avons longuement discuté à propos d'un séjour possible dans le grand monastère situé à la frontière de la Chine. Je me sentais attiré. Je sentais grandir en moi l'appel de l'aventure. J'avais une occasion inespérée de faire une inoubliable excursion.

Je notai toutes les indications nécessaires pour arriver à cet objectif imprévu. Mon nouvel ami ne cessait de me vanter la beauté architecturale de cet édifice, les enseignements bouddhistes que je pourrais y recevoir ainsi que l'occasion unique qui m'était offerte.

Ma décision était prise. Je ferais mes bagages dès le lendemain et je prendrais l'autobus très tôt le matin, tel qu'indiqué par les informations nouvellement reçues.

Je repris le chemin de l'hôtel avec l'intention de profiter de sa salle à manger pour le souper et ensuite retourner dormir pour être en forme le matin suivant.

Pierre qui roule n'amasse pas mousse

Je m'éveillai tôt le lendemain pour reprendre la route, poussé que j'étais par la fièvre de bouger. Je trouvai tout de suite l'autobus. Nous roulâmes en direction de la Chine pendant des heures. On nous arrêtait fréquemment pour vérifier s'il y avait des étrangers à bord. À chaque fois, je devais montrer mon passeport avant que nous puissions continuer.

Au dernier contrôle passeport avant d'atteindre le fameux monastère, croyez-le ou non, on m'interdit d'aller plus loin alléguant que mon visa n'était pas valide pour cette région de l'Inde, la dernière avant la frontière de la Chine. J'eus beau argumenter, parlementer, supplier et négocier, mais rien n'y fit. On me répondait inlassablement que les accords indochinois interdisaient aux étrangers de pénétrer dans cette région sans une autorisation chinoise. Or, mon visa était indien et n'avait donc aucune valeur pour continuer vers cette région.

Mon autobus était parti depuis un moment de toute façon, il ne me restait plus qu'à faire demi-tour, car nous étions en pleine brousse. Il était environ 14:00 heures. On m'informa que l'autobus en direction de Darjeeling, eh oui, mon point de départ, allait passer vers 15:00 heures et que je n'avais qu'à l'attendre.

Il arriva finalement à 17:00 heures, ce qui me donna le temps de m'arrêter pour réfléchir (enfin!). Ma première réaction fut de m'adresser à mes voix, pour demander ce que j'avais bien pu faire de mal, pour me faire ainsi arrêter à cet endroit et me voir forcé de faire demi-tour.

N'avais-je pas traversé la moitié du monde sur leurs instructions télépathiques ? N'avais-je pas démissionné d'un travail bien rémunéré ? N'avais-je pas abandonné la femme de ma vie ?

Ils ne me répondirent pas. Après avoir longuement réfléchi, je découvris mon erreur. Je n'avais pas suivi les indications, pourtant claires, que m'avait données la voix si douce dans la voiture taxi. Elle m'avait conseillé de me reposer quelques jours avant la prochaine étape.

Or, j'avais écouté mes propres désirs d'explorations exotiques et d'aventures originales. Je n'étais pas ici pour explorer ou faire du tourisme. J'étais en ces lieux pour apprendre à développer mes qualités, pour apprivoiser des techniques simples de maîtrise de soi.

Non pas une maîtrise de soi ponctuelle, à certains moments précis et passagers, mais la possibilité de devenir exactement comme je désirais être, et ce de manière permanente.

Et me voilà, à courir ici et là, au gré de mes inspirations du moment.

Le froid de la montagne

Je montai dans l'autobus qui devait me ramener à mon point de départ avec moins d'emballement que le matin mais avec davantage d'humilité. Je discernais que lorsque l'on demande l'avis de personnes aussi éclairées, la moindre des choses serait de prendre l'information obtenue en considération.

Le soleil se couchait et le froid s'est rapidement répandu dans l'autobus, ces véhicules n'étant nullement équipés d'un système de chauffage. Les autres passagers, connaissant cette situation, étaient munis de couvertures avec lesquelles ils se recouvraient de la tête aux pieds.

J'eus beau enfiler tous les vêtements à ma disposition, j'étais transis et transpercé de part en part par le froid. L'heure avançait. 20:00 heures, 21:00 heures, 22:00 heures. J'allais arriver à Darjeeling en pleine nuit, ne sachant où aller dormir. Inutile de retourner à l'hôtel car il était plein.

Je décidai que j'irais dormir au centre spirituel chrétien et d'aviser le lendemain. Je grelottais et les symptômes de la grippe faisaient déjà leur apparition. 23:00, minuit !

Enfin, Darjeeling. Un des passagers m'indiqua la direction du centre spirituel chrétien, à partir de l'endroit où nous étions à ce moment-là. Je frappai à la porte vers minuit 30 minutes. Après de longues explications, je pus m'adresser au père que j'avais déjà rencontré. J'eus beau insister, il refusa que je couche au centre. Il délégua un serviteur pour me conduire à un endroit où je pourrais louer une chambre pour la nuit.

J'avoue franchement avoir pensé que ces chrétiens manquaient singulièrement de charité chrétienne et je ressentis de l'amertume à ce propos. Je me disais qu'il était facile pour une religion d'affirmer plein de belles théories, mais en réalité, cela devenait plutôt différent lorsque le temps venait de les mettre en pratique.

Le délégué chrétien m'amena à une petite pension de famille où un gentil monsieur louait des chambres à la nuit. Il ne disposait d'aucun système de chauffage, ce qui me découragea encore plus. Il me fournit deux lourdes couvertures épaisses de plusieurs centimètres mais malheureusement trop courtes, étant considérablement plus grand que le spécimen moyen de ces montagnes avec mon mètre quatre-vingt-huit.

La chambre se louait cinquante roupies la nuit (environ trois dollars). Je la pris pour deux nuits et payai d'avance. Il y avait une toilette à la turque dans la chambre et le gentil monsieur me fournit un grand récipient d'eau.

Je faisais de la fièvre. Je superposai les deux couvertures afin de pouvoir être recouvert en entier et je dormis jusqu'au matin. La toux, la congestion et la fièvre m'attendaient au réveil. Malgré tout, j'avais faim. J'attendis 10:00 heures pour m'aventurer à l'extérieur, afin de laisser au soleil le temps nécessaire pour réchauffer l'air des montagnes.

Laissons agir nos défenses naturelles

Je réussis à trouver un petit marché où je pus me procurer des biscuits, deux bouteilles d'eau distillée, des arachides brutes et du papier de toilette. En revenant à la pension de famille, j'étais brûlant de fièvre. Je rencontrai à nouveau le gentil monsieur propriétaire des lieux et le payai pour deux autres journées, ce qui me laissait trois nuits pour me reposer sans avoir à sortir.

Nous étions le 24 décembre et je me promettais bien de passer Noël au chaud, sous mes couvertures, dans la paix et entre mes quatre murs.

En entrant dans la chambre, je verrouillai la porte, bloquai une chaise sous la poignée, grignotai quelques arachides, but goulûment de l'eau et me précipitai sous les couvertures. Je m'endormis immédiatement.

Quand je m'éveillai, il faisait noir. J'étais baigné de sueurs, mais ma fièvre avait diminué. Je me changeai de vêtements pour être au sec et me rendormis aussitôt.

Quand je m'éveillai à nouveau, il était 1 :00 heures du matin, la nuit du 25 décembre. J'étais encore baignant de sueurs et me changeai de vêtements. Je n'avais plus de fièvre. Il me restait encore de la toux mais le pire était passé.

Non loin de la pension de famille il y avait une fête de Noël, car j'entendais des chansons chrétiennes en l'honneur de cette fête. Je me sentis bien seul, loin des miens, sans aucun moyen de communiquer avec eux par cette nuit de Noël. Je ne m'endormais plus du tout.

Je m'installai en position de méditation, sur le dos, tranquille et bien au chaud. Je pratiquai une respiration adéquate afin d'entrer en état de méditation et continuai assez longtemps pour atteindre une transe profonde.

Des sommets nouveaux

Depuis mon départ du Canada, quelques deux mois plus tôt, j'avais relativement peu mangé, même pendant mon séjour au Maroc. Depuis mon arrivée en Inde dix jours plus tôt, je n'avais pris que deux véritables repas, grignotant à peine et restant parfois des jours sans absorber de nourriture. J'avais agi ainsi tout naturellement sans viser de but particulier, ce qui eut des effets surprenants.

J'entrai dans une transe bien plus profonde qu'à l'habitude. J'avais souvent médité au cours de la dernière année. J'avais pu communiquer avec mes voix beaucoup plus clairement de cette manière. Mais dans cette nuit du 25 décembre 1990, j'allais atteindre des niveaux jamais effleurés auparavant.

Je fus à même de contempler des lieux indescriptibles, sauf à ceux qui ont déjà pratiqué le voyage astral. Je parlai longuement avec mon père décédé plusieurs années auparavant et nous avons pu clarifier ensemble beaucoup de choses restées inexpliquées entre nous du temps de son vivant. Depuis ce moment, je me sens en harmonie avec cet être alors qu'auparavant, j'avais cultivé et vécu de sombres sentiments qui devaient être purifiés.

Mais, le plus important pour le lecteur réside dans les lignes qui vont suivre. J'ai vécu, pendant les heures qui ont suivi, les moments les plus extraordinaires que l'on puisse imaginer. Tous les films de fiction que j'avais visionnés avant ce jour n'avaient même pas approché dans l'envergure, ce que je devais vivre couché sur ce lit dans la nuit naissante du 25 décembre.

Je dois vous prévenir et vous informer que cette transe a duré deux jours complets. 48 heures sans me lever, sans manger, sans boire et sans aller aux toilettes. Ce sont pourtant les deux jours les plus agréables de ma vie, les plus significatifs pour mon futur, aujourd'hui devenu mon présent et qui sera du passé lorsque vous lirez ces lignes.

Chapitre 16, Enfin, des réponses

Le déroulement

Décrivons d'abord comment cela se déroulait. Après avoir discouru avec mon père, de nombreuses autres « voix » se manifestèrent. Je n'ai jamais demandé qui me parlait. Parfois, quand une voix avait terminé de livrer son message, une autre prenait la relève et continuait sur la lancée qui avait été entreprise. Des femmes ont parlé, des hommes aussi et d'autres fois il était impossible de définir.

Il est aussi arrivé que la voix s'adressait à une collectivité, comme si nous étions plusieurs à écouter les mêmes enseignements. Mais, je n'entrai pas en communication avec l'auditoire et je ne sus jamais où ces autres étaient géographiquement situés et qui ils étaient. Par contre, j'entendais leurs questions. Dans le dialogue qui suit, ils seront identifiés « autre ».

Ceux qui répondaient aux questions et qui nous informaient seront identifiés « voix ». Il arrivait aussi que je n'entende rien pendant des périodes variant de une à plusieurs heures. Cela me donnait du répit car la fatigue se faisait parfois sentir; ça exige beaucoup physiquement d'emmagasiner tant d'informations dans une si courte période.

Mentionnons enfin que certains passages seront passés sous silence pour des raisons d'intimité et de respect.

Les révélations

Voix -   Tu as bien compris lorsque tu as conclu que tu n'es pas ici en touriste. Entendons-nous bien. Nous n'avons aucun ordre à te donner et tu n'as pas à suivre aveuglément nos indications.

Cependant, lorsque tu décideras d'agir à ta guise nous te laisserons livré à toi-même. Tu affronteras les épreuves engendrées par les erreurs que tu pourrais commettre. Lorsque tu t'adresseras à nous pour te venir en aide, comprends dès maintenant que tes questions demeureront sans réponse.

Lorsque tu choisiras de revenir dans la voie de la sagesse et du progrès de l'humanité, nous serons à nouveau et immédiatement présents pour t'appuyer dans tes efforts. Tu dois aussi être conscient que nous ne pouvons et ne devons être continuellement à tes côtés. Une telle situation créerait de la dépendance et nous avons aussi à assister beaucoup d'autres âmes qui ont choisi, elles aussi, de tenter d'atteindre l'amour inconditionnel.

Par conséquent, fais des efforts continus pour atteindre l'autonomie spirituelle. Cette autonomie se décrit par la faculté de s'adresser directement à l'Énergie Intelligente appelée Dieu. Lorsque tu nous poses une question, nous t'adressons Sa réponse et non la nôtre.

Nous ne possédons aucune sagesse par nos propres moyens. C'est le Père qui habite en chacun de nous qui possède cette sagesse. La seule sagesse qui puisse être nôtre est celle de la prise conscience que par nous-mêmes, nous ne pourrions que réaliser des choses incomplètes et imparfaites. Par nous-mêmes nous ne pourrions qu'atteindre des niveaux intermédiaires ou relatifs de réalisations.

La seule sagesse que nous possédions en propre est celle d'avoir pris la décision de Le laisser s'exprimer par nous. C'est celle d'avoir décidé avec acharnement que la seule voie possible était celle de l'Absolu qui n'est possible qu'à Dieu.

Ensuite, il ne restait qu'à persévérer jusqu'à ce que nous puissions lâcher prise et laisser agir Dieu à travers nous. Le secret réside dans l'aveu de la vulnérabilité de l'ego et de travailler à aimer son prochain comme soi-même. L'aide Divine ne saurait tarder à se manifester suite à une telle démarche.

Moi -   Parlez-moi davantage de l'Absolu.

Voix -   Le temps Absolu est un temps qui n'a pas de fin. Un pouvoir Absolu est un pouvoir sans limites. Un amour Absolu ne connaît pas de haine, ne serait-ce que passagèrement. Une énergie Absolue est inépuisable, sans pollution et sans effet secondaire négatif. Une intelligence Absolue ne fait aucune erreur, trouve des solutions à toutes situations et crée la perfection dans toutes ses manifestations.

Dans ce qui précède, nous avons discouru sur ce que l'Absolu peut faire, mais aussi sur les incapacités qu'il ne possède pas. L'Absolu ne pense jamais à ce qu'il ne pourrait pas faire, même ce qu'il ne pourrait faire de mal. L'Absolu pense continuellement à faire ce qui est bien. Il se complait dans la créativité, dans la progression continuelle de ses réalisations.

L'Absolu baigne dans l'éternelle certitude de réussir. L'Absolu est tout ce qui est. Bref, l'Absolu et Dieu ne font qu'un.

Réponses à des questions sans réponse

Moi - Depuis mon enfance, je me heurte à deux questions qui n'ont jamais trouvé de réponse. La première : si Dieu a créé la terre et tout ce qui existe, qui a créé Dieu ? Et si quelque chose d'un plus haut niveau a créé Dieu, qui a créé cette chose de plus haut niveau ?

Voix - Pour créer des choses matérielles, il est vrai que cela nécessite un créateur. Il en est différemment des forces spirituelles. Décrivons une de ces forces. L'homme a tendance à croire ou à penser que, sans sa présence, l'intelligence n'existerait pas.

Examinons par exemple le système solaire dans lequel tu habites. Imagine que la terre entre en collision avec mars, cela serait-il intelligent ? Évidemment non. L'Intelligence n'a pas besoin de l'homme pour exister, c'est l'homme qui, au contraire, a besoin de l'Intelligence pour exister.

Vous avez tendance à croire que l'intelligence, en tant que concept est une faculté humaine. Il en est différemment. L'homme a accès, selon son degré de pureté ou sa tendance à travailler au bien, à différents niveaux d'intelligence. C'est ce que vous appelez le quotient intellectuel. En réalité, vous mesurez ainsi la faculté que possède cette âme, par l'intermédiaire de son cerveau, à recevoir les inspirations Divines qui proviennent de l'Intelligence Universelle.

L'Intelligence n'avait aucunement besoin de l'homme pour exister, ni même d'un créateur car elle a toujours existé. Elle aurait eu besoin d'un créateur s'il avait fallu un véhicule pour la manifester. Mais l'Intelligence constitue le véhicule par lequel sont produites les manifestations. Dans son entendement spirituel, elle est éternelle par le passé et le futur.

L'Intelligence réelle pourrait se définir par la tendance naturelle à orienter les événements pour faire progresser l'Univers.

Examinons une autre force spirituelle, l'Énergie. As-tu déjà examiné à quelle vitesse tournent les électrons autour du noyau dans les atomes ? Ils se déplacent à plus de 300 000 kilomètres par seconde.

L'électron lui-même est de l'Énergie à polarité négative. Le proton est de l'Énergie à polarité positive. Ensemble, avec le neutron et par la vitesse de déplacement, ils forment une des bases de la matière.

L'Énergie, dans son entendement spirituel, n'a pas besoin de créateur pour exister, elle est éternelle par son passé et par son futur.

L'Énergie Intelligente, voici Dieu. Et il n'avait pas besoin de créateur.

Moi - Je crois comprendre. Cette explication génère en moi des éclairs, des « flash » qui m'indiquent que cette question sans réponse a enfin trouvé une solution.

Voici mon autre question sans réponse : si je me déplaçais à très haute vitesse afin que du vivant de mon corps, je puisse couvrir les distances nous séparant des étoiles, finirais-je par atteindre un mur ? Si oui, qu'y a-t-il de l'autre côté du mur ? Sinon, dans quoi est contenu l'Univers ? S'il y a un contenant, dans quoi est-il contenu ?

Voix - La réponse à cette question se retrouve en partie dans la première. L'Univers est un effet de l'Énergie Intelligente. L'espace est la création de l'Intelligence. Comme l'Intelligence est infinie,

l'espace en est de même. L'espace est sans limites.
Par contre le nombre d'étoiles, de planètes et de corps
célestes est déterminé. Dieu en a créé un certain
nombre, plus grand que ton entendement présent, mais
défini quand même.

Si Dieu le décide, il peut créer d'autres corps
célestes à volonté et sur une base infinie.
L'Intelligence (Dieu) agencera l'Énergie (Dieu) de
manière à manifester d'autres corps célestes, par
l'association de milliards de milliards de protons
(particules d'Énergie positive), avec des milliards de
milliards d'électrons (particules d'Énergie négative),
et des milliards de milliards de neutrons (particules
d'Énergie neutre), qui ensemble formeront d'autres
corps célestes.

En réalité les formes matérielles sont spirituelles.
Selon les vibrations occasionnées par le nombre
d'électrons dans les atomes, associés à d'autres atomes
de différentes catégories, ils forment des molécules de
matière. La molécule d'eau est formée d'atomes
d'hydrogène et d'oxygène, qui eux sont formés
d'Énergie qui est une force spirituelle.

Moi -   Pourquoi cela n'a-t-il pas été mentionné
auparavant ?

Voix -   Cela a été dit et même écrit. Que tu en
sois demeuré ignorant n'implique pas que ce fut passé
sous silence. Ce que tu devrais mentionner est plutôt
que cela n'a pas été enseigné aux collectivités. Les
écrits originaux ont subi de lourdes altérations de la
part des détenteurs de la religion. Lorsque les chefs
pensaient différemment des écrits, ou lorsque ces
derniers subissaient l'influence des dirigeants publics,
politiques ou monarchiques, ils prenaient la liberté de
couper ou de modifier de larges parties des premières
écritures. Cela résulta en des documents manquant de
logique et de cohésion.

Moi -   Mais nos scientifiques devraient
redécouvrir ces faits.

Voix -   Ils pressentent la force spirituelle
derrière la présence de la matière. Vos scientifiques
ont, pour le moins, tendance à n'affirmer que ce qu'ils
sont en mesure de prouver en laboratoire. Disons

simplement que les laboratoires pourront difficilement prouver de tels faits. Vous n'accéderez à la vérité totale que lorsque vous pourrez communiquer avec nous en permanence, que ce soit par des moyens naturels comme présentement ou artificiellement, par des inventions technologiques qui ne sauraient tarder à faire leur apparition.

Une période de silence succéda à ces paroles.

Chapitre 17, Une réunion télépathique

Où allons-nous ?

Moi -   Vais-je rester ici, vais-je retourner chez-moi au Canada ou aller ailleurs ?

Voix -   Idéalement, il faudrait que tu ailles à l'endroit où tu pourras être le plus utile. Il faudrait que tu choisisses l'endroit où tu as le plus de connaissances de la culture locale afin de pouvoir intervenir intelligemment. Il faudrait aussi que tu connaisses la langue du pays.

Moi -   Il faudrait que je retourne au Canada ?

Voix -   Oui, c'est ce que nous croyons, mais il est toujours mieux de s'en apercevoir par soi-même.

Autre -   Devons-nous tous retourner dans nos pays ?

(Rappelons que d'autres que moi posaient parfois des questions et que nous les appellerons « autre »)

Voix -   Non. Dans le cas précédent, à cause de la nature de la personnalité de l'intéressé, il est préférable qu'il retourne chez lui. Il aura à mettre à profit certains dons de communication. De plus, dans son cas, demeurer à l'extérieur de son pays l'empêcherait de terminer des tâches présentement en suspens.

Moi -   Quelles sont ces tâches ?

Voix -   Nous répondrons à cette question quand nous aurons une conversation où tu seras le seul interlocuteur. Limitez-vous à des questions générales.

Autre -   Pourquoi avoir des secrets ?

Voix -   Ce ne sont pas des secrets. Il est préférable, dans l'état actuel du cheminement de vos âmes respectives, que vous ignoriez ce qui est destiné à chacun des autres. Certains pourraient être envieux de missions plus invitantes confiées aux autres. Certains pourraient déployer de l'orgueil si leur mission est plus importante. Certains pourraient se distraire de leur tâche en pensant au travail des autres.

Mais, plus important encore, chacun de vous a droit à l'intimité. Il est également impératif d'arriver à développer une curiosité visant le progrès. Quel progrès pourrait découler de savoir ce que doit faire l'autre ? Vous devez vous concentrer sur vos tâches respectives, chacun veillant ainsi au succès de sa propre destinée.

Autre - Quels sont les critères qui influencent le choix de nos orientations ?

Voix - Chacun doit faire ce que personne d'autre que lui ne réussira à faire aussi bien. Il en est ainsi de toutes les âmes. Imaginons que Mozart ait négligé ses compositions musicales ! Imaginons que Léonard de Vinci soit resté dans l'ombre ! Imaginons que Pythagore n'ait pas développé son théorème mathématique ! Imaginons que Jésus et son œuvre magnifique soient restés cachés à l'humanité.

Autre - Mais comment déterminer ce que personne d'autre que nous ne pourrait faire aussi bien que nous ?

Voix - Vous avez un intérêt inné pour ce talent. À chaque occasion où on en parle autour de vous, vous tendez l'oreille, vous vous concentrez sur ce sujet sans avoir à faire d'efforts. Depuis votre enfance, mille « coïncidences » vous ramènent toujours à réfléchir sur ce qui entoure ce talent. Quand vous touchez à autre chose, vous avez le vague sentiment de laisser échapper votre vie. Vous avez continuellement l'impression d'être attiré vers autre chose et quand ce but inéluctable vous vient à l'esprit, vous sentez que c'est « cela » la vie.

Autre - J'ai, en effet, des impressions semblables pour un sujet particulier. Mais, à chaque fois que j'envisage de m'y engager, j'ai toujours une multitude d'autres priorités qui m'en empêchent.

Voix - Ces priorités ne sont-elles pas celles que vous vous êtes imposées vous-mêmes ? Par exemple payer une maison, une auto ou conserver un emploi simplement pour payer tous ces biens ? Il faut faire la différence entre les priorités illusoires que l'on se donne et les priorités réelles qui nous accompagnent depuis notre naissance.

Comprenez bien que vous n'avez pas à délaisser les biens matériels pour décider d'entreprendre votre vie spirituelle. Mais vous devez par contre éviter toute dépendance qui vous empêcherait de réaliser ce pourquoi vous avez entrepris cette vie. Nous vous donnons la joyeuse assurance que lorsque l'on fait ce pourquoi nous sommes incarnés, nous n'avons aucun effort à déployer pour sortir du lit le matin ou même y entrer le soir. Nous pouvons laisser derrière nous tout ce qui s'appelle insomnie, constipation et autres maux physiques.

Nos efforts deviennent plaisirs plutôt que lourdeur. Nos activités deviennent loisirs plutôt que labeur. Notre action devient libération plutôt que travail.

Qui sommes-nous ?

Moi - Qu'est-ce qui fait que certains sont habiles dans certains domaines comme la musique, d'autres dans l'architecture et d'autres pour les travaux manuels ?

Voix - Au début, toutes les âmes ou entités avaient les mêmes talents. Avec la multitude de vies qu'elles ont vécues, elles ont développé des aptitudes dans des domaines particuliers. Mais, elles ont aussi développé des affinités ou des attirances pour ces domaines. Et, ce sont ces affinités qui donnent le talent.

En effet, si l'on apprend à aimer un domaine particulier, les affinités qui en découleront nous amèneront à développer un talent pour ce même domaine.

Autre - Cela signifie-t-il que chacun peut être talentueux dans tout ?

Voix - Je me permettrai de répondre : évidemment ! Car, il est incontestable que Dieu, dans son absolue justice, a voulu que chaque âme ait les mêmes possibilités que les autres. Toutefois, pas nécessairement dans une seule vie. Dans un horizon temporel suffisamment long (quelques vies), toutes les âmes ont des possibilités ou des talents égaux.

Moi - Comment faire pour recevoir l'information concernant nos vies antérieures et savoir ainsi ce qui influence notre vie présente ?

Voix - Ce savoir est accordé aux âmes ayant suffisamment évolué afin d'éviter de tomber dans les pièges suivants.

Imaginez qu'une âme apprenne qu'elle a été Adolphe Hitler, n'aurait-elle pas tendance à craindre la loi de cause à effets, à ressentir des remords ou à développer de la culpabilité ?

Imaginez qu'une âme apprenne qu'elle a été Mozart ou Jeanne d'Arc, n'aurait-elle pas tendance à développer quelque vanité ou vouloir à tout prix reprendre son statut social, si elle se trouve présentement dans une plus humble situation ?

Autre - Certains homosexuels mâles le sont parce qu'ils viennent de vivre plusieurs vies en tant que femmes. Connaître ces faits ne les aideraient-ils pas?

Voix - Souvenez-vous tous de ce qui va suivre. La solution à un problème ne réside aucunement dans ses sources mais plutôt dans la détermination à évoluer de l'âme concernée.

Le passé est invariable. Nous ne pouvons rien y changer. Notre présent est la plupart du temps la conséquence de notre vécu de la vie présente ainsi que de toutes celles qui ont précédé. Notre futur en découlera aussi, à moins que dans le présent, nous décidions de nous engager sur une autre route.

Quelle liberté avons-nous ?

Autre - J'ai parfois l'impression de n'avoir pas le choix de faire ce que je veux, de m'orienter dans la direction de mon choix. On dirait qu'une certaine force me ramène toujours dans la même direction. Peut-on alors parler de liberté ?

Voix - Lorsque l'on vous ramène toujours dans la même direction et c'est vrai que cela arrive assez souvent, c'est que vous en avez fait la demande de votre libre arbitre, avant votre incarnation. C'est simplement que vous en avez perdu le souvenir. Ceux qui tentent de vous orienter ainsi ne font que suivre vos propres instructions.

Autre - Pourquoi s'incarner dans ce cas ?

Voix - Parce que les conditions d'évolution qui existent de votre côté de la conscience n'existent pas de ce côté-ci.

Dans l'au-delà, nous n'avons aucune tentation entourant la chair, comme le sexe et la nourriture.

Dans l'au-delà, nous ne sommes pas soumis aux inquiétudes budgétaires, comme payer un logement, se vêtir le corps ou payer ses factures. Dans l'au-delà, nous connaissons nos vies antérieures et nos tendances à long terme. Vivre en ignorant ces deux facteurs permet de remettre les compteurs à zéro et ainsi avoir l'opportunité de croire en soi en oubliant ses limites passées. Les oublier nous permet de croire en nos chances de réussir sans quoi rien n'est possible.

Bref, vous êtes soumis à des épreuves qui sont impossibles ici et vous ignorez des choses qu'il est souhaitable d'ignorer. Étant donné aussi l'emprisonnement auquel votre corps vous oblige, vous avez l'irrésistible désir d'évoluer pour vous libérer de ces contraintes. Cette évolution prévaudra sur votre âme lorsqu'elle reviendra dans l'au-delà.

Une période de silence succéda à ces paroles.

Chapitre 18, Un voyage dans l'espace

La liberté totale

Les sceptiques auront matière à discussion dans les lignes qui vont suivre.

Plusieurs heures s'étaient écoulées depuis que j'étais entré dans cette transe. Je sentais mon corps mais j'avais le sentiment de La Liberté. Je n'avais aucun désir de revenir de ma transe. Je savais que je pouvais aller où je voulais. Je n'avais qu'à choisir un lieu de destination.

J'eus envie de visiter la lune. J'y fus rendu en moins d'une seconde. Notons que mon corps reposait toujours dans cette chambre, à plus de 4000 mètres d'altitude sur les flancs de l'Himalaya. Mentionnons aussi qu'à tout moment, j'avais la possibilité de réintégrer mon corps.

Je me déplaçais à volonté. Mon corps astral n'étant aucunement soumis aux lois de la gravité, je flottais à la surface de la lune. Je voyais ce qui était au-dessous de moi par exemple les roches de lune, la poussière et tout ce qui en constitue le sol. Lorsque je voulais changer de direction, je n'avais qu'à le désirer et ça se produisait. Quand je voulais aller au loin, par exemple sur la face cachée, j'y étais avant même de me rendre compte d'un déplacement.

J'étais parfaitement conscient de tout ce qui m'arrivait. Je réalisai que le corps appartient à la conscience, et non le contraire. J'étais hors de mon corps et ma conscience (ou moi) en était située à des centaines de milliers de kilomètres. Je possédais une facilité à penser et réfléchir beaucoup plus grande que lorsque je suis prisonnier de mon corps.

Je me demandai si j'oserais aller jusqu'au soleil. Je me dis que l'occasion était unique et que je devais y aller. Je le désirai et j'arrivai au soleil en quelques secondes. Ce sera plus ardu à décrire, car il ne ressemble en rien à ce qui nous a été dépeint ici-bas.

Premièrement, il n'y a aucune flamme sur le soleil. C'est une énorme masse d'énergie qui émet des rayons cosmiques de plusieurs catégories, captés par les corps célestes comme la terre qui transforment la dite énergie en chaleur ou en lumière. C'est pourquoi plus on s'éloigne de la terre, plus il fait froid car la chaleur terrestre vient de la terre, approvisionnée en énergie par le soleil. Il en va de même pour la lumière. Cette dernière est émise par la terre, par l'énergie diffusée par le soleil et reflétée vers la terre par l'atmosphère.

Si on revient à la description du soleil, sa couleur change continuellement. On y voit du rose, du rouge, du violet, des mélanges mobiles de bleus. Sa surface semble en mouvement perpétuel, entre l'état liquide et solide, mais sans pour autant ressembler à de la boue ou de la lave. On dirait plutôt un solide, ayant une élasticité semblable à de la pâte à modeler, possédant sa propre faculté de se mouvoir.

Étant donné qu'il n'y a rien sur terre de comparable, c'est à peu près le mieux que je puisse faire pour vous aider à imaginer son apparence. J'ajouterai qu'aux abords du soleil, je me sentais investi d'une énergie me faisant goûter à la puissance pure. Tout était possible et même facile.

Même en ayant vécu ces événements, j'éprouve tout de même de la difficulté à les revivre en pensée afin de les décrire. Peut-être sera-t-il plus facile pour vous, le lecteur, de lire « distraitement » ces lignes, afin de laisser votre pouvoir créatif vous insuffler les images de cette visite. Ceux qui pratiqueront ce conseil découvriront d'autres possibilités dans cette technique.

User sans abuser

Me croiriez-vous si je vous disais que j'aurais voyagé ainsi pendant des jours, sinon des mois ou plus encore ?

Il a fallu du courage pour décider de revenir dans ce corps grippé mais fort heureusement, à mon retour, j'étais encore en transe et le choc fut plus acceptable car le sentiment de liberté que l'on ressent dans cet état était toujours présent.

Je ne revins pas tout de suite aux enseignements. Je profitai de ces moments de solitude pour goûter cette nouvelle possibilité qui était mienne. On ne peut appeler réfléchir ce que je fis à ce moment-là. Dans la réflexion, nous sommes limités par le corps, distraits par ce qui nous entoure, nous déconcentrant nous-mêmes en changeant le sujet de nos pensées.

J'appellerai plutôt la possibilité qui m'était offerte : « découvrir ». En réalité, sans que rien ne vienne de moi, j'apprenais. J'avais l'impression d'avoir accès aux connaissances de l'Univers. Je me posais une question, la réponse m'arrivait instantanément. La seule difficulté résidait dans l'exercice de ne pas intervenir par mes propres pensées. On m'informait que si je le faisais, je perdrais le contact avec la connaissance universelle : Dieu.

Expliquons ceci par un exemple. Je pourrais avoir pour opinion venant de ma culture, mon environnement ou mes parents, que « charité bien ordonnée commence par soi-même ». Dieu pratique plutôt « aime ton prochain comme toi-même ». Si je ne laisse pas intervenir l'émission de la pensée Divine, lorsque je me poserai la question comment doit-on pratiquer l'amour, ma pensée personnelle répondrait que l'on doit passer en priorité sa propre personne avant les autres.

Tous égaux

Sachez que nous possédons tous ce pouvoir de lâcher prise et d'avoir accès aux informations de l'Univers.

Dans la culture du nouvel âge, on entend parfois que nous avons la connaissance en nous. On m'a enseigné qu'il en est différemment. Nous avons en nous la possibilité de taire notre pensée. Nous avons en nous la possibilité de poursuivre des mobiles justes, en tentant d'aimer notre prochain comme nous-mêmes.

Nous avons en nous la possibilité de laisser la connaissance Divine nous pénétrer.

La connaissance est en Dieu. Dieu peut se manifester à l'intérieur de nous.

Nous avons tous le pouvoir de ne faire qu'un avec Lui.

Demandez et vous recevrez

Voici des questions ainsi que des réponses qui me furent données.

Moi -   Pourquoi se réincarner ?

Lui -   Pour vous permettre d'atteindre la perfection Divine. Il serait illusoire de penser atteindre ce but en une seule vie.

Moi -   Un humain peut-il se réincarner en animal ?

Lui -   Très exceptionnellement. Lorsqu'une âme s'est rendue trop loin dans l'imperfection, il est possible qu'il soit préférable de lui permettre de recommencer à zéro. Ce phénomène sera autorisé pour certains dictateurs, tortionnaires ou ultra violents.

Moi -   Pourquoi la pauvreté financière ?

Lui -   On apprend beaucoup dans cette forme de pauvreté. Elle permet de se mettre à la place de ceux qui ont à la subir, donc de pratiquer la compassion. La pauvreté est aussi un état duquel on veut sortir, ce qui crée le désir d'évolution et fait progresser l'entité.

Moi -   Pourquoi la souffrance ?

Lui -   La souffrance est la voie alternative à la sagesse. Il a déjà été dit : ce qui ne sera pas appris par la sagesse devra l'être par les voies de la souffrance. L'état de souffrance personnelle est souvent l'effet de la souffrance qui a été infligée à autrui. Y être confronté dirige vers la volonté de faire le bien car le réflexe habituel, lorsque l'on souffre, est d'éviter cette souffrance aux autres.

Moi -   Comment aimer nos ennemis ?

Lui -   Vous n'avez pas d'ennemis. Vous leur avez donné ce nom et cette image. Vous êtes confrontés à d'autres entités qui, comme vous, font des erreurs. Ces erreurs vous font parfois souffrir et vous dirigez alors votre rancoeur envers la source de votre souffrance. Voyez ces entités comme semblables à vous.

Voyez que le degré de « méchanceté » des autres entités correspond au degré de leurs propres souffrances. En fait, elles manifestent ainsi leur désarroi face aux épreuves de leur vie. Quand on a compris et accepté ce phénomène, nous ne pouvons que compatir avec elles. C'est le premier pas vers l'amour de ceux que vous appelez ennemis.

La réussite dans l'amour de ceux qui vous ont fait du tort réside dans cette compréhension ou dans cette vision réaliste des événements. Il faut ensuite persévérer à revenir continuellement à ce réalisme. La victoire est au bout de ces efforts.

Moi - Vais-je pouvoir revivre de semblables événements ?

Lui - Libre à toi de diriger tes énergies dans cette direction. La source qui t'abreuve présentement est illimitée. Elle est disponible en tout temps, à tous. Le prix à payer : la pureté des intentions, le lâcher prise et la persévérance.

Moi - Dois-je raconter ce qui m'arrive ?

Lui - Vu le bien-être que tu ressens, tu serais bien égoïste de te taire. Il sera dit bien des choses de toi quand tu livreras ce message, mais seule l'intention compte. Qualifier de chat un chien ne pourrait le faire miauler. Qualifier de charlatan celui qui dit vrai ne saurait transformer ses paroles en mensonges.

Moi - Pourquoi moi ?

Lui - Tu ne bénéficies d'aucun privilège particulier. Tes souffrances passées t'ont amené à un niveau de compassion qui te permet de vibrer au rythme nécessaire pour capter ces messages. Tu as osé franchir certains obstacles que d'autres se refusent à affronter. Ce qui t'est accordé le sera à tous ceux qui suivront la même route ou tout autre chemin favorisant l'avancement de la collectivité.

Vois aussi que d'autres entités ont accès à des niveaux d'harmonie encore plus élevés. Il te suffit de développer ton potentiel d'amour, de multiplier les actes de progrès envers autrui pour atteindre les mêmes degrés. Ce que l'un d'entre vous a réussi peut aussi l'être par tous les autres.

Il y eut ensuite un silence de plusieurs heures où je me délectai dans une douce contemplation. Je réfléchissais à tout ce qui venait de m'être dit et je constatais que la réalité dépassait de loin tout ce que j'avais pu imaginer dans mes rêves les plus fous.

Je prenais conscience que pour celui qui pratique « aime ton prochain comme toi-même », rien n'est impossible et tout est possible. Un immense sentiment de liberté s'éveillait en moi.

Chapitre 19, Plusieurs clefs ouvrent la porte

Reprise de l'entretien

Moi- Serait-il possible que nous discutions seul à seul ?

Voix- Oui.

Moi- Vous avez mentionné que plusieurs chemins mènent au but, pourrions-nous approfondir ce sujet ?

Voix- Le « quoi » de la divine mission se résume à « aimer son prochain comme soi-même », dans le sens de faire aux autres ce que l'on aimerait qui nous soit fait. Ceci est invariable.

Le « comment » peut revêtir plusieurs possibilités. Une mère qui se consacre à l'amour de ses enfants poursuit une mission tout aussi importante que celui qui poursuit le but de faire avancer l'humanité dans son ensemble.

Mais attention, se consacrer à l'amour de ses enfants signifie travailler à leur bonheur, à leur libération face aux pièges de la vie. On doit éviter de confondre l'amour égoïste qui n'a d'amour que le nom, avec l'amour altruiste qui est le seul véritable.

Moi- Quand pouvons-nous penser à nous-mêmes ?

Voix- Le bonheur personnel provient du bien fait à autrui. As-tu déjà ressenti une plus grande joie que lorsque tu faisais du bien à quelqu'un ?

Sois également conscient que l'amour que l'on porte aux autres est illimité. Il demeure entièrement sous ton contrôle. Cette voie te mène à l'autonomie. En fait, penser au bonheur des autres constitue la voie la plus facile et la plus grandiose pour travailler à son propre bonheur.

Moi- Comment devenir ainsi, comment acquérir cette qualité de l'âme ?

Voix- Si tu es convaincu du bien-fondé de cette affirmation, tu as déjà fait un grand pas. En deuxième lieu, apprends à aimer cette même affirmation car on devient ce que l'on aime. En troisième lieu, fais l'effort de concentrer ta pensée sur ton désir de devenir ainsi car on fait advenir ce sur quoi on réfléchit. Les quelques phrases qui précèdent représentent les principaux mécanismes de « La Foi ». « Pour celui qui a La Foi, tout est possible ». « Il en sera fait selon votre Foi ».

Moi-   Revenons sur les différentes routes possibles.

Voix-   En fait, toutes les routes mènent à la Divine perfection, dès que nous agissons avec amour, dans le désir profond de faire aux autres ce que nous aimerions qui nous soit fait.

Prenons comme exemples le professeur se dédiant à l'avancement de ses élèves, le balayeur se dévouant à rendre propre l'environnement collectif, le père allant travailler pour la subsistance de sa famille, le médecin se concentrant sur la bonne santé et l'autonomie de ses patients.

Les tâches les plus humbles peuvent être effectuées avec grandeur et les tâches les plus prestigieuses (aux yeux de la société) peuvent être accomplies avec petitesse. La tâche en elle-même comporte peu de choses, c'est l'intention et l'état d'âme dans lesquels nous l'exécutons qui font état de la dimension de son accomplissement.

Revenons en arrière

Moi-   Dans cette optique, nous pourrions oeuvrer dans n'importe quoi !

Voix-   Oui et non. Oui, parce qu'il est vrai que tout peut être fait avec amour et donc revêtir la même valeur en regard du bien-être de l'humanité. Non, comme il t'a déjà été mentionné, car chacun a des aptitudes particulières sur lesquelles il serait préférable qu'il se concentre.

Celui qui est doué pour la musique sera un meilleur musicien que celui qui est doué pour la mécanique. Chacun devrait tenter de chercher à faire ce pour quoi il est le plus compétent. Laissons miauler les chats et siffler les oiseaux. Laissons au bois sa tendance à descendre la rivière, pourquoi tenter de lui faire remonter le courant ?

Ces comparaisons pourraient sembler simplistes mais elles s'appliquent de la même façon dans la réalité des orientations humaines.

Facilitons les choses

Moi-   J'aimerais avoir tendance à faire aux autres ce que j'aimerais qu'il me soit fait. Mais, il m'arrive souvent d'agir tout à fait autrement sans même en avoir l'intention. Que faire pour améliorer ce point particulier en moi ?

Voix-   Commence par te convaincre qu'il est souhaitable d'agir ainsi en y pensant souvent.

Concentre ta pensée sur la nécessité de changement et persévère jusqu'à l'obtention du résultat voulu.

Les habitudes ont le double avantage d'être faciles à acquérir et difficiles à perdre. Il s'agit simplement de se donner *le* temps de réussir et de ne cesser ses efforts que lorsque la victoire est acquise. C'est aussi simple et facile que cela. Le problème réside dans le fait que les âmes n'essaient pas et ne le font pas, peut-être trouvent-elles cela *trop* simple ?

En ce qui concerne les mauvaises habitudes, elles n'ont de forces que celles que tu leur donnes. Cesse de les alimenter et elles s'éteindront d'elles-mêmes.

Tu décides de ta destinée. Ce que tu es peut, en partie, être attribué aux autres, à tes parents, à ton environnement ou à la société. Ce que tu deviendras dans le futur, ne dépendra que de tes présentes décisions et de l'acharnement ou la volonté que tu mettras à les réaliser.

Jusqu'à un certain point, il faut être perméable aux nouvelles idées, sans quoi l'évolution devient pratiquement impossible. Il faut, par contre, être sélectif dans l'adoption de ces nouvelles idées car certaines seront évolutives et d'autres seront pernicieuses. Les bonnes nous donnent un sentiment de quiétude, les mauvaises un sentiment d'inquiétude.

Moi - Pourriez-vous m'entretenir sur la foi ?

Voix - Celui qui marche sur une corde raide pour enjamber un précipice en ne ressentant aucune inquiétude, étant totalement *conscient* de ses capacités, ressent automatiquement une douce sérénité même s'il se trouve dans une situation hasardeuse; celui-là a la foi. D'ailleurs, s'il concevait le moindre doute, même inconscient, il tomberait.

Celui qui nage en un endroit où les eaux sont profondes, *sachant* la capacité de son corps à flotter, ressent une douce quiétude; celui-là a la foi. D'ailleurs, s'il nourrissait des doutes ou se *voyait* en danger, il courrait un véritable danger et pourrait même se noyer.

La foi, c'est *savoir ou être conscient* que l'on peut, que nous sommes maîtres d'une situation. L'absence de foi, c'est nourrir l'illusion que l'on ne peut pas, donc que nous serions l'esclave de l'environnement.

Moi - Où Dieu intervient-il dans tout cela ?

Voix - Ce qui vient d'être énuméré couvre davantage la foi individuelle en ses propres capacités. Elle ouvre la voie à toutes les possibilités humaines. On peut, toutefois, franchir un pas de plus.

Si l'on revient à celui qui se tient en équilibre sur une corde, il se repose entièrement sur sa capacité d'équilibre, ne laissant aucune place au doute, ce qui est bien. Aussi longtemps que nous sollicitons des talents à l'intérieur des limites des possibilités humaines, les résultats escomptés feront surface dans la mesure de la persévérance de l'intéressé.

Mais l'homme, par lui-même, ne possède qu'une infime partie des possibilités de l'Univers. Pour y avoir accès, il doit s'associer à Dieu ou l'Énergie Intelligente Universelle. C'est alors seulement que toutes les limites disparaissent, laissant place à l'Absolu où tout est possible et où règne une permanente harmonie.

Moi - Comment opérer cette association ?

Voix - Il faut synchroniser notre pensée avec la pensée Divine. Pour ce faire, il suffit de pratiquer des pensées harmonieuses comme celles d'amour, de pardon, de vérité, de créativité, de liberté et toutes celles qui se dirigent vers l'évolution.

La plus importante forme de pensée est évidemment l'amour car elle donne accès à toutes les autres. L'amour est la force de cohésion de l'Univers. Comme l'amour incite l'homme à veiller au bien-être de son prochain, c'est aussi l'amour qui incite Dieu à assurer le progrès de l'Univers.

En pratiquant la pensée d'amour on se rapproche rapidement de Dieu car c'est la pensée qui l'habite le plus. Comme c'est le cas pour ceux d'entre vous qui ont des pensées communes, une similitude de pensées amène une compréhension mutuelle. On devine le sentiment de l'autre, la relation devient possible et même facile.

Moi - Dans le cas de deux êtres humains, il me semble qu'une telle attitude mènera en effet à une rencontre de l'âme. Mais entre Dieu et l'homme, comment nous rencontrerons-nous ? Dans quel lieu, par quel moyen de communication ?

Voix - Exactement comme tu le fais avec moi en ce moment, par la pensée synchronisée. De la même façon qu'une station de radio émet des ondes et qu'un poste radio reçoit ces ondes en se synchronisant sur la même fréquence, il est possible à l'homme de capter la pensée Divine en augmentant ses vibrations par des pensées similaires à la pensée Divine. L'amour constitue la forme de pensée se rapprochant le plus de la pensée Divine.

N'as-tu pas ressenti de doux frissons en faisant plaisir à quelqu'un ? Ce genre de frisson représente un exemple de vibrations causées par la pensée d'amour. N'as-tu pas ressenti un sentiment de liberté en donnant ton pardon gratuitement à quelqu'un ? Ce genre de pensées augmente les vibrations de l'homme.

Voici des conseils précis pour obtenir des résultats significatifs. Comme tout ce qui t'a été suggéré précédemment, il faut croire pour entreprendre et persévérer pour réussir. Alors il faut y mettre *le* temps plutôt que *du* temps.

Comme pour n'importe quel phénomène physique, il faut utiliser des arguments de poids pour obtenir des résultats importants. Pour que l'amour amène les plus grandes vibrations, il faut ressentir de l'amour envers ceux pour qui nous avons le moins d'affinités et même envers ceux pour qui nous avons de l'aversion. Il est facile d'aimer nos proches ou nos intimes mais les résultats seront de peu d'envergure.

Mais attention, *ressentir* de l'amour signifie conserver dans sa pensée la volonté d'aimer un être, suffisamment longtemps et avec assez de force, pour avoir en nous un réel *sentiment* d'amour envers cet être. C'est dire que nous ressentons l'envie de le chérir, de viser à augmenter son degré de bonheur. Plusieurs tentent un pareil exploit et s'arrêtent au moment où ils cessent de ressentir de l'animosité ou de l'aversion, pensant avoir ainsi atteint le but fixé. L'absence d'aversion ne saurait en aucun cas être considéré comme la présence d'amour.

Il arrive assez souvent, et même couramment, que l'on puisse ressentir des sentiments peu violents d'animosité envers certains êtres. Faire la paix intérieure avec de tels êtres, par des pensées d'amour, mène définitivement à une correspondance avec la pensée Divine. Mais des pensées d'amour, menant à des sentiments d'amour envers des êtres pour qui l'on ressentait un vif sentiment de haine, sont sûrement les pas les plus importants que l'on puisse effectuer sur la route de la Divine communication.

Le pardon constitue lui aussi un puissant moteur pour réussir à augmenter le rythme de nos vibrations et pouvoir, par conséquent, se relier à la pensée Divine. Rappelons-nous que nous sommes les premiers à bénéficier des conséquences de notre pardon, nous sentant ainsi libérés des effets dévastateurs de la rancune dans notre âme. Encore là, il faut maintenir dans notre pensée la volonté de pardon, suffisamment longtemps pour que notre rancune disparaisse entièrement et nous amène à désirer que l'être visé vive le plus grand bonheur possible.

Moi - Est-il vraiment possible à l'homme de réussir de tels exploits comme, par exemple, souhaiter le bonheur de quelqu'un qui nous a fait grandement souffrir, parfois par méchanceté pure ?

Voix - La méchanceté n'existe pas. Il existe seulement des êtres qui font l'erreur de commettre des actes dommageables aux autres. Lorsqu'ils en prennent conscience, ils s'engagent sur la bonne voie. Il faut seulement comprendre que certains y arrivent avant d'autres.

Oui, il est possible de viser le bonheur d'un être qui nous a fait mal, même au plus haut degré. C'est parfois carrément difficile mais si l'on persévère avec une réelle volonté de réussir, je puis t'assurer que le succès est au bout de la route.

Il faut aussi signaler qu'en démontrant de réelles intentions de progrès, différentes sources d'aide « sembleront » tout bonnement tomber du ciel.

Moi - Peut-on examiner d'autres aspects de la synchronisation avec la pensée Divine ?

Voix - La réponse est oui et non. Nous t'en dirons plus mais tu dois maintenant passer de la théorie à la pratique. Premièrement, voici maintenant presque deux jours que tu es en transe et, à ton niveau d'évolution, continuer plus longtemps pourrait être dommageable pour ton corps. Deuxièmement, les aventures qui t'attendent vont t'éclairer d'une manière bien différente mais tout aussi nécessaire et efficace. Va en paix et persévère jusqu'à la réussite. C'est là la seule récompense que nous pourrions attendre des efforts que nous fournissons pour te seconder.

Chapitre 20, Incursion dans un monde interdit

L'aventure continue

Quand je sortis de ma transe, la nuit du 27 décembre débutait à peine. Mon corps était totalement remis de la fièvre et des autres malaises. Je ressentis l'irrésistible envie de sortir. J'allai marcher dans les rues obscures de Darjeeling, avec la seule lumière de la Lune et des étoiles pour m'éclairer. À cette altitude, l'air est tellement transparent qu'il n'en faut pas davantage pour pouvoir marcher relativement à l'aise en pleine nuit.

Assez étrangement, je découvris le même genre de vie nocturne que dans les pays industrialisés. Bruits dans certains bars (éclairés à la lampe à l'huile), noctambules s'en retournant chez eux (souvent en état d'ébriété), couples marchant la main dans la main.

Mais je ressentis tout à coup une fatigue insoutenable. Il était vrai que pendant les dernières 48 heures, je n'avais pas dormi. Je retournai à ma chambre, dévorai quelques biscuits et m'endormis d'un sommeil sans rêve jusqu'à midi le lendemain.

Je voulus revoir le professeur tibétain, qui, on se le rappellera, m'avait indiqué le monastère à aller visiter près de la frontière chinoise. Je me rendis à l'endroit où je l'avais rencontré la première fois; il était là et il m'accueillit à bras ouverts.

Je lui racontai ma mésaventure entourant mon passeport et il se confondit en excuses à ce propos. Il m'invita à aller manger chez lui pour rencontrer sa famille et goûter à un véritable repas selon les coutumes tibétaines. La résidence était luxueuse si on la comparait avec l'environnement. Toutefois, il y habitait deux familles entières (environ dix personnes) dans un espace où, au Canada, on n'aurait pas voulu en faire une chambre à coucher. Environ deux mètres sur deux pour quatre mètres carrés de surface, un plafond à 1.5 mètres du sol en terre battue et un « deuxième

étage » où s'entassaient des couvertures. Ce
« deuxième étage », moins d'un mètre de hauteur,
faisait office de litée pour tout ce beau monde qui
devait sûrement faire des acrobaties avant de réussir à
s'étendre pour la nuit.

Je ressentis d'abord de la pitié pour tant de misère
mais je me rendis rapidement compte que ces gens y
vivaient heureux. Ils affichaient un inébranlable
sourire, causé par un bonheur simple que nous,
occidentaux, avons bien du mal à comprendre. Ils me
servirent pour toute nourriture du pain tibétain,
fabriqué avec de la farine d'orge, un peu de thé et de
l'eau. Nous mangions tous autour d'une table
fabriquée avec des planches de bois non peint. Le mari
(mon ami le professeur) traduisait de l'anglais au
tibétain et vice et versa, dans une atmosphère de
camaraderie que seuls les enfants peuvent vivre. Une
nourriture frugale, un repas royal.

Un privilège rare

Après nous être restaurés, mon ami le professeur
me demanda si la marche me faisait peur. À mon
pourquoi, il répondit qu'il pourrait me faire visiter un
monastère bouddhiste, sur la montagne, à quelques
kilomètres de Darjeeling. Ce à quoi je consentis avec
empressement.

Nous nous mîmes donc en route. Pendant le trajet,
il m'expliqua qu'il avait ses entrées à ce monastère,
car il y était à la fois professeur de méditation et élève
en certaines sciences bouddhistes. Il me confia que
dans un appartement situé sur le toit du monastère
vivait une « incarnation » et que grâce aux relations
étroites qu'il entretenait avec l'abbé responsable de ce
lieu, peut-être pourrait-il m'obtenir une entrevue avec
la dite « incarnation ».

Mentionnons que dans la culture bouddhiste, une
incarnation est un être qui s'est incarné sur terre pour
y remplir une mission prédéterminée avant sa venue au
monde. On a choisi pour lui une naissance dans une
famille répondant aux critères qui lui sont nécessaires

afin que son corps puisse recevoir les soins requis à sa future mission. Quelquefois, les parents en sont avertis avant la naissance et parfois même avant la conception; en d'autres circonstances aussi, on les informe quand l'enfant a quelques mois ou quelques années sur terre.

La famille considère habituellement comme un grand honneur d'être choisie dans de telles circonstances. Ils savent que l'enfant, après son départ vers un monastère, sera traité avec les plus grands égards et que les soucis matériels lui seront évités. Pour s'assurer que l'enfant est bien l'incarnation attendue, on le soumet à des épreuves consistant à reconnaître des objets qui lui ont appartenus dans une ou des vies antérieures sur terre, à travers une panoplie d'autres objets n'ayant aucun rapport avec lui. Après un tel examen passé avec succès en présence de ses parents, ces derniers lui diront adieu avant qu'il soit emmené sans espoir de retour par ses nouveaux tuteurs, habituellement des personnalités relativement importantes dans la hiérarchie bouddhiste.

Quand nous arrivâmes au monastère, mon ami obtint une entrevue avec l'abbé. Ce dernier était entouré de lamas dédiés à son service. Le dialogue était en tibétain entre l'abbé et mon ami; je n'en saisissais pas le moindre sens. Après quelques phrases, mon ami prit un air plutôt ahuri et me traduisit que l'abbé venait de l'informer que ma venue était attendue, ce qu'il ignorait manifestement. Il ajouta que l'incarnation m'attendait et que l'entrevue pourrait avoir lieu dans les minutes qui suivraient.

L'attitude de mon ami le professeur, à mon égard, changea diamétralement à compter de ce moment. Il se mit à me traiter avec des égards et des gestes plutôt déférents. J'eus beau lui demander de me considérer comme auparavant, mais rien n'y fit. Je me rappelais la leçon d'humilité qui m'avait été donnée dans le « taxi » et je voulais éviter à tout prix de revivre des sentiments d'orgueil quels qu'ils soient. Mais, je ne pouvais être tenu responsable du piédestal qui m'était octroyé malgré moi.

Je lui demandai comment l'abbé avait été informé de ma venue et il m'informa qu'un maître spirituel l'en avait prévenu.

Une entrevue inoubliable

Je fus escorté par des lamas vers l'incarnation. Nous montâmes sur le toit du monastère où nous pénétrâmes dans un lieu en forme octogonale, entouré de fenêtres et meublé de coussins à même le sol. On me donna une écharpe à remettre à l'incarnation et on me prévint du protocole selon lequel l'enfant allait m'en échanger une semblable.

Je fus admis près de lui et nous échangeâmes nos présents. Après quoi, nous eûmes une conversation où un lama nous servait d'interprète. Imaginez un enfant de trois ou quatre ans vous regardant directement dans les yeux et qui vous conseille par un interprète adulte, ce dernier étant considéré lui-même de haut rang dans la hiérarchie bouddhiste.

Il m'intima que je devais prendre au sérieux tout ce qui m'était conseillé par mes « voix ». Il me dit que mes réalisations futures, après mon retour au Canada, étaient d'une grande importance et que, par conséquent, je n'avais tout bonnement pas le droit de reculer. Il argumenta que les efforts qui étaient faits pour me faciliter les choses ne pouvaient être pris à la légère, que les êtres qui prenaient de leur temps pour m'aider pourraient tout aussi bien aider d'autres âmes qui, elles, prendraient ces choses au sérieux.

Je pris la parole pour la première fois à ce moment. Je demandai par l'entremise de l'interprète ce qui lui faisait penser que je pourrais prendre les choses à la légère. Il me répondit que je manquais parfois de foi et que je souffrais encore d'un certain égoïsme et aussi d'orgueil. Il ajouta qu'un pareil mélange mettait en danger la continuité de mes efforts. Malgré tout, autant lui que les êtres désincarnés qui dialoguaient avec moi, pensaient que j'allais persévérer jusqu'à la réussite. Il souhaitait ardemment que je demeure sur la bonne voie mais, mon destin restait entre mes mains.

Sur ces mots, il me remercia de ma visite et m'informa qu'il avait d'autres tâches à accomplir. Les lamas m'escortèrent jusque dans les cuisines où je retrouvai mon ami le professeur tibétain. Nous étions assis à même le sol, près d'une immense marmite où mijotait un mélange de légumes. Immense signifie assez grande pour que puissent y baigner de cinq à six personnes. Il y avait probablement là toute la nourriture nécessaire au dîner du monastère qui comptait environ 400 résidents.

On nous servit à chacun une assiette de cette mixture. Je m'informai si ce mets contenait de la viande et on me répondit que l'on ne mangeait jamais de viande dans un monastère bouddhiste. Le goût en était délicieux. Les cuisiniers nous observaient à la dérobée, manifestement curieux de savoir les tenants et aboutissants de notre présence au monastère.

Mon ami le professeur me demanda s'il était indiscret de connaître la teneur de mon entrevue avec l'incarnation. Je lui racontai de bon gré ce dont nous avions discuté. Il me questionna énormément sur ces voix qui m'instruisaient. Il savait que le phénomène existait sans jamais y avoir été confronté directement.

La visite des lieux

Après le repas, il m'informa que l'abbé lui avait permis de me faire visiter le monastère de fond en comble. On nous octroya une escorte car certaines pièces sont protégées par des chiens tibétains qui donneraient leur vie plutôt que de laisser pénétrer un ou des inconnus. Quand je vis ces gardiens, je me dis que « le chien des Baskerville »(ouvrage de Arthur Conan Doyle, auteur des aventures de Sherlock Holmes) avait finalement l'apparence d'un gentil toutou.

Nous visitâmes une bibliothèque où étaient entreposés des documents millénaires, protégés de l'agression du temps par des contenants en verre étanche. On m'informa que certaines des archives entreposées au Potala, résidence du Dalaï Lama, avaient été transférées en ce lieu comme vers d'autres monastères éparpillés à travers l'Inde et la Birmanie, après l'envahissement du Tibet par la Chine communiste.

Il me raconta les atrocités que les soldats chinois avaient fait subir au peuple tibétain, particulièrement à certains lamas soupçonnés de détenir des secrets sur les légendaires trésors cachés dans cette partie de l'Himalaya.

Dans certaines pièces, il y avait des objets d'art d'un style que je n'avais jamais pu observer auparavant; des statues surtout, représentant des personnages ayant réellement vécu. L'histoire de ces derniers était écrite sur les supports mais dans un langage incompréhensible pour moi. L'une d'elles datait de 300 ans avant Jésus Christ, selon les dires d'un des lamas qui nous guidaient.

Les pièces et les corridors étaient éclairés par des lampes à beurre. On m'expliqua que le beurre qui n'était pas d'une qualité suffisante pour la consommation humaine était réutilisé à cette fin, ce qui résultait en un éclairage diffus projetant des ombres sur les murs. On avait tendance à chuchoter pour ne pas déranger d'invisibles présences.

Nous visitâmes les caves du monastère. J'avais l'impression de voyager dans le temps. Ces lieux d'un autre âge possédaient la faculté de nous transporter dans l'histoire du monde. Je me sentais vivre à une époque immensément lointaine dans le passé, au moment même où avaient été rédigés les précieux documents contenus dans la bibliothèque. Je pressentais ce qu'avaient dû ressentir ceux qui les avaient rédigés, sachant que leurs écrits ne seraient lus que dans un futur très éloigné.

Mon ami le professeur me toucha à ce moment et je réalisai que j'avais inconsciemment plongé dans une transe. Ces lieux magiques avaient éveillé en moi des sentiments qui m'avaient fait perdre le contact avec l'environnement physique immédiat, ce qui laisse présager la vie et les possibilités de vie de ceux qui habitent ces lieux sur une base permanente.

Ces gens entrent au monastère dès l'enfance, parfois même y naissent. Ils grandissent en côtoyant ces croyances entourant l'occulte, ils vivent la spiritualité dans toutes ses dimensions les plus quotidiennes. En ces lieux, celui qui ne croirait pas à la réincarnation serait aussi marginal que celui qui, en Amérique du Nord, affirmerait la venue prochaine du peuple martien.

Toutes ces paroles pour expliquer ou tenter d'expliquer ce que l'on peut éprouver, en visitant ces catacombes, accompagné de lamas qui consacrent leur vie aux sciences métaphysiques.

La vie au monastère

Pour entrer au monastère en permanence, il ne suffit habituellement que d'en manifester le voeu sincère. Dès ce moment, on possède le titre de moine. Ce dernier peut travailler aux cuisines, à l'entretien du monastère ou se consacrer à la religion bouddhiste et à ses enseignements. Ceux qui choisissent ou qui ont été choisis pour cette dernière voie pourront un jour être éligibles aux examens permettant d'accéder au titre de lama. C'est finalement parmi les lamas que seront choisis ceux qui deviendront abbés, titre de responsabilités importantes comme celle de diriger un monastère ou des tâches plus globales dans la hiérarchie bouddhiste ou lamaïste.

Les résidents du monastère se situent dans tous les groupes d'âge. On y voit des enfants jouant dans les cours intérieures ou assistant à des classes correspondant à leurs capacités d'apprentissage. Les adolescents bûchent des matières plus approfondies ou jouent le rôle d'apprentis pour des métiers. Les adultes veillent au fonctionnement du monastère, autant pour le déroulement de la vie de tous les jours que pour ses vocations religieuses. Enfin, les personnalités les plus rayonnantes participent à des activités à l'extérieur du monastère, exerçant une influence sur la destinée des laïques.

La population locale aura souvent recours aux ressources du monastère pour des soins médicaux, des conseils pratiques ou parfois un repas pour les plus démunis. Le monastère tire lui-même sa subsistance de certaines cultures comme celles du thé et de plantes médicinales ou par la fabrication d'objets divers. Il reçoit aussi de l'aide financière de la part de riches familles, dont certains membres vivent parfois à l'intérieur comme chéla (élève).

Les moines et les lamas, ayant souvent à voyager dans les montagnes les plus sauvages, reçoivent des enseignements approfondis sur les arts martiaux. Ils peuvent ainsi se défendre contre les agressions, sans pour autant être forcés d'infliger des dommages corporels importants à leurs agresseurs, comme le feraient des armes blanches ou à feu.

Les résidents du monastère ne sont pas tenus de participer aux activités religieuses. Il est fréquent que les moines assignés aux tâches manuelles n'assistent à peu près jamais aux offices religieux. Seuls ceux qui sont spécifiquement attitrés aux enseignements bouddhistes ont des obligations à ce niveau. Pour ces derniers, la discipline est de rigueur et il est indiqué d'y participer régulièrement.

Le retour à la maison

Nous avons exprimé nos remerciements aux lamas pour leur hospitalité ainsi que pour l'intéressante visite des lieux. Juste avant de partir, j'aperçus un vieux moine vers lequel je me sentis irrésistiblement attiré. Je me dirigeai vers lui pour lui serrer les mains. Il en fut tellement ému qu'il se mit d'abord à rire et, ensuite, de grosses larmes se mirent à couler sur ses joues. Il me serra les mains très fort et me souhaita bon courage dans mes oeuvres (ce qui me fut traduit par mon ami le professeur).

Sur le chemin du retour, nous longeâmes des résidences plutôt luxueuses qui m'intriguèrent. Mon ami m'informa que c'étaient des résidences princières, datant de l'ancien régime et que certaines familles avaient conservées. Il me dit aussi que ces familles subventionnaient des monastères comme celui que nous avions visité.

Il faisait noir car nous étions le soir vers 19:00 heures. Je me demandai si nous aurions à nous défendre, étant donné l'isolement du sentier de montagne que nous parcourions. Mais rien de semblable ne se présenta.

Par contre, nous eûmes mon ami et moi une très intéressante discussion. Je lui demandai de m'entretenir sur les cours de méditation qu'il donnait. Il m'indiqua que la méditation qu'il enseignait se pratiquait dans la position du lotus mais qu'il était déconseillé, pour la plupart d'entre nous, nord-américains, de pratiquer cette position en raison du degré d'élasticité physique nécessaire. Avec une respiration adéquate, basée sur la profondeur et la régularité, nous pouvons atteindre un état méditatif dans lequel on répète un mantram (ou mantra dans notre langage).

Un mantra est une phrase ou parfois un mot visant à imprégner, dans toutes les couches de la conscience de l'intéressé, une idée, une conviction ou un concept qui le mènera à évoluer dans une direction prédéterminée par son maître. En effet, c'est le maître qui indique à son chéla (élève) quelle sera la teneur de son mantra. Si on médite une demi-heure, peut-être répétera-t-on le mantra de 300 à 500 fois, dépendant de la longueur du mantra et de la rapidité d'exécution du méditant.

Un exemple de mantra assez répandu en langage hindi : « Om mani padme um »; son équivalent en français pourrait être « Je suis Dieu, Dieu je suis ». La croyance est que, par la répétition de ce type de phrases, l'âme qui en fait l'expérience en vient à être et à savoir qu'il est ce qu'il a répété mentalement en état méditatif.

Mon ami m'indiqua que selon ce qu'il enseignait, si l'on répétait un mantra pendant des années, il en venait à être véritablement efficace. J'avoue ne pas posséder une telle patience. Par contre, j'ai pu observer certains de ceux pratiquant cette philosophie et j'ai constaté chez eux une sérénité des plus enviables. Ils baignent dans une paisible contemplation et semblent totalement libérés des contraintes inhérentes au monde occidental. À chacun de faire son choix.

Chapitre 21, Parapsychologie, en toute simplicité

Rendez-vous dans l'inconnu

Ce soir-là, je reconduisis mon ami chez lui et je m'apprêtais à partir vers ma propre chambre lorsqu'il me retint, me mentionnant qu'il avait entendu parler d'un monastère plus petit, que peu de gens avaient pu visiter. Il avait l'impression qu'il devait m'y guider, que nous aurions peut-être la permission d'y pénétrer, vu l'accueil qui nous avait été réservé dans le monastère d'où nous arrivions.

Il me donna rendez-vous à 7:00 heures le lendemain matin au même endroit où nos rencontres précédentes avaient eu lieu. Il me prévint que si on nous donnait le droit de visiter ce monastère, nous aurions accès à des phénomènes hors du commun qu'il n'avait lui-même pu expérimenter jusqu'à ce jour. Il espérait que ma présence nous ouvrirait les portes.

Je pensai en marchant vers ma chambre que mon humble ami avait peut-être tendance à surestimer ma bonne fortune. Mais, il me venait aussi à l'esprit que si on m'avait invité à voyager à l'autre bout du monde, peut-être avait-on l'intention que ce pèlerinage contienne quelques expériences dignes de mention et, qu'en conséquence, on avait pu préparer quelques événements à la mesure des efforts fournis. J'espérais ne pas être en train de pénétrer dans le domaine de la vanité. Chose certaine, je nageais en plein inconnu et ma propre ignorance me protégeait contre des sursauts d'orgueil.

Visite magnétique

Je me présentai à 6:45 heures à notre rendez-vous le lendemain matin. Mon ami était là. Il me confia avoir fait de l'insomnie en pensant à la perspective de visiter ce lieu. À ma question à savoir ce qu'il y avait là d'extraordinaire, il me répondit qu'on y recevait des initiations réservées à ceux qui pouvaient y résister. Il se demandait si son emballement de la veille ne l'avait pas poussé à devancer certaines étapes de son évolution personnelle. Il avoua qu'il avait voulu profiter de ma facilité à forcer les portes interdites, afin d'accéder à des endroits qui lui seraient restés fermés autrement.

Son désarroi me toucha profondément. Je l'invitai à s'asseoir pour discuter de ce qui l'inquiétait. Je lui mentionnai que si nous n'avions pas à visiter ce lieu, nous en serions empêchés d'une manière ou d'une autre. Si, au contraire, nous avions à le faire, tous les obstacles seraient écartés d'emblée. Nous n'avions qu'à faire confiance au destin (Dieu) et ce qui devait arriver arriverait. Il laissa échapper un immense soupir de soulagement et avoua que le futur envisagé sous cet angle ne pouvait qu'être bénéfique.

Je lui confiai que cet enseignement s'appliquait à ma propre personne, que j'en avais moi-même été informé à l'instant où je lui disais ces paroles et que sans nul doute, le plus grand problème auquel j'étais confronté était de ne pas faire suffisamment confiance aux bienfaits qui nous sont réservés par la destinée (Dieu). J'avais également tendance à résister, à vouloir tracer ma propre route et il m'arrivait si souvent de me tromper sur les destinations à choisir, que j'en venais à douter de ma capacité à diriger ma propre vie.

Nous nous levâmes tous deux avec une nouvelle énergie pour nous diriger vers ce lieu inconnu. La synergie qui découlait de nos confidences mutuelles sur nos insécurités nous amenait à un niveau de lâcher prise qui pourrait peut-être résulter à une communion avec les forces de l'Univers. J'avoue avoir connu à ce moment un optimisme inconsidéré, oubliant mes multiples imperfections restant à corriger. Mais, pourquoi s'inquiéter sur des dizaines d'années d'efforts à fournir, me le direz-vous ?

Un lieu à couper le souffle

Nous voici donc en route. Escalade de sentiers de montagnes, vision de serpents, de singes multicolores et audition de rugissements de grands carnivores : tout pour accueillir le pèlerin vers la paix spirituelle. Nous marchâmes sur une corniche surplombant un gouffre au fond invisible pour finalement atteindre un édifice aux dimensions relativement humbles où des moines vaquaient à des occupations routinières.

L'un d'eux nous accueillit en nous mentionnant qu'il allait devoir avertir un lama qui déciderait si oui ou non nous pourrions pénétrer en ces lieux. Ledit lama fut prévenu et vint à notre rencontre. Mon ami me traduisit que le monastère avait été prévenu de notre venue et que nous n'avions qu'à le suivre.

Mon ami eut un sourire entendu, certain qu'il était de ce verdict. J'avoue avoir ressenti des frissons d'appréhension. Jusqu'où irait cette désarmante habitude de prévenir de notre venue en des lieux si éloignés les uns des autres ? Vivais-je un rêve ou un cauchemar ? Étais-je encore maître de ma destinée ? Avais-je encore le droit de prendre mes propres décisions ? Allais-je récupérer une vie normale, où on pouvait aller faire son épicerie sans que tout le monde en soit prévenu à l'avance ?

Il existe une différence énorme entre lire ces lignes dans notre résidence, où un simple coup de téléphone peut nous relier à nos racines (mère, père, environnement social...), et perdu dans les montagnes aux confins de la planète, en train de réellement vivre ces événements complètement farfelus, se demandant si ce sont les événements qui tendent vers la folie ou nous-mêmes ? Malgré tout, je suivis le lama et mon souriant ami qui semblait penser qu'à mes côtés tout devenait possible, alors que je me demandais si je reprendrais un jour le contrôle de mon appareil ! Attention à la vanité et à l'orgueil, ne cessais-je de me répéter, ce qui constituait une continuelle épreuve en présence de mon admiratif ami.

Tout pour rassurer

En entrant dans ce monastère, je vis que les murs étaient phosphorescents. Il n'y avait aucun éclairage normal. La lumière diffusée était de couleur verte, suffisante pour voir et même lire sans inconfort. La façade de l'édifice était construite de pierres et de bois mais nous pénétrâmes rapidement dans une autre partie qui n'était autre qu'une grotte naturelle. L'éclairage y était cependant semblable à celui décrit précédemment.

Nous longeâmes un assez long corridor dans lequel nous devions nous plier pour pouvoir passer. Finalement, nous dûmes marcher à quatre pattes pour traverser un passage particulièrement bas et étroit. Nous pénétrâmes alors dans une pièce plus grande, de forme ronde, d'un diamètre d'environ quatre mètres et d'une hauteur de trois mètres. Les murs y étaient aussi phosphorescents mais il y avait d'étranges dessins gravés dans la pierre. On pouvait y reconnaître une illustration semblable aux cercles concentriques résultant de la chute d'un caillou sur la surface d'un lac. Du centre de ce dessin partaient une dizaine de rayons s'éloignant vers l'extérieur.

Au milieu de la pièce, trois coussins étaient déposés à même le sol. Le lama qui nous accompagnait nous expliqua que nous avions été envoyés ici pour profiter des propriétés magnétiques de cette grotte qui nous permettraient de communiquer avec l'au-delà, presque aussi facilement qu'avec des humains de notre « côté de la conscience ». Il mentionna que les impressions que nous ressentirions pourraient nous apeurer au début mais qu'il allait demeurer avec nous et que sa présence serait suffisante pour nous rassurer. De toute manière, une fois en contact avec l'au-delà, il nous suffirait de le questionner si nous en ressentions le besoin et il se ferait un plaisir de répondre à nos questions.

Mon ami demanda si nous encourions un quelconque danger. Le lama nous répondit que les seuls risques possibles viendraient de nous-mêmes par nos peurs ou nos inquiétudes. Il nous affirma que les êtres qui viendraient à notre rencontre étaient totalement pacifiques et qu'ils ne chercheraient qu'à nous aider dans notre cheminement. Il demanda si nous nous sentions prêts à vivre cette expérience avec sérénité ou si nous préférions nous y soustraire. Nous affirmâmes tous deux que nous ne voulions rater cela pour rien au monde.

Une rencontre du quatrième type

Le lama nous fit asseoir sur les coussins, un de chaque côté de lui. Il nous demanda de regarder les cercles concentriques pendant quelques minutes, de conserver un regard vague en évitant de centraliser notre vision. Il nous prévint qu'après un certain temps, nous pourrions voir des formes et subséquemment, nous pourrions aussi les entendre. Il réitéra que nous n'avions qu'à demeurer sereins et qu'il ne pourrait rien nous arriver de fâcheux.

Tel que mentionné précédemment, j'avais déjà pu observer des formes lumineuses dans la solitude de ma chambre. Mais ce que je vis dans cette caverne était d'une toute autre nature par la précision de ce que je pouvais voir, avec une perspective en trois dimensions à peu près semblable à un corps normal de chair et de sang. Deux êtres désincarnés vinrent nous voir, un homme et une femme. Ils portaient de longues robes bleues pâle. Leurs traits étaient très beaux et ils affichaient une rare plénitude.

Mon ami le professeur me demanda si je voyais aussi un homme et une femme et il me décrivit leurs vêtements pour s'assurer que nous pouvions observer les mêmes événements. Je répondis par l'affirmative, ce qui fit sourire les visiteurs (ou peut-être était-ce nous les visiteurs ?). Ils prirent place par terre devant nous en silence. Le lama mentionna qu'ils attendaient que nous soyons en mesure de les entendre avant d'engager la conversation. Je concède que les facultés qui nous étaient offertes en ce lieu me firent ressentir un doux frisson par la découverte d'un monde de possibilités où tout devenait réalisable. C'était sublime.

La conversation

La femme prit la parole. Elle m'informa que c'était elle qui m'avait adressé la parole dans le taxi lorsque j'escaladais la montagne. J'entendais sa voix comme j'aurais entendu la voix de n'importe qui. Voici une partie du dialogue qui s'ensuivit.

Moi - Pourriez-vous nous expliquer le phénomène de cette caverne ?

Femme - Les murs de cette pièce créent un magnétisme qui fait grandement augmenter le rythme de vos vibrations corporelles. Ce qui a pour effet que vos sens deviennent beaucoup plus subtils, amenant votre conscience à un niveau où vous êtes en mesure de nous voir et de nous entendre. Nos corps possèdent ce niveau vibratoire sur une base permanente, ce qui nous donne une vision continuelle de ce que vous ne pouvez constater que temporairement.

Cependant, il vous est aussi possible d'atteindre ce niveau de conscience. Vous n'avez qu'à pratiquer d'aimer votre prochain comme vous-mêmes et, si vous persévérez en ce sens, jusqu'au point où cette philosophie soit devenue vous, vous bénéficierez des mêmes attributs.

Moi - Pourrait-il y avoir d'autres êtres présents dans cette pièce ?

Femme - Non, s'il y en avait, vous les verriez aussi.

Ami - Qui est-il (moi) pour que vous lui accordiez ces privilèges ?

Homme - C'est un être ordinaire qui s'est engagé avec obstination sur une voie extraordinaire. Il a beaucoup souffert et cela lui a permis de comprendre la souffrance d'autrui. Cela l'a aussi conduit à des comportements extrêmes, qui ne pouvaient résulter à autre chose que la volonté d'entreprendre des changements majeurs.

Il a dirigé ces changements dans la voie de l'amour et du pardon. Il faut aussi mentionner que ces événements étaient prévisibles pour nous et que nous avons été présents pour orienter quelque peu ses pas. Même si sa foi est parfois chevrotante, son orgueil un peu trop présent et son égoïsme à certains égards résistant, son acharnement nous incline à considérer sa réussite comme probable. Mais, il a trébuché et trébuchera encore, nous souhaitons qu'il persévère et se relève jusqu'à ce qu'il atteigne un équilibre absolu.

Femme - Nous appuierons dans ses efforts qui que ce soit ayant des intentions d'évolution pour l'humanité. Il n'a reçu aucun privilège qui n'aurait été accordé pareillement à d'autres, qui auraient orienté leurs pas dans cette même direction de l'amour inconditionnel. De toute manière, tu as toi-même bénéficié du privilège de pénétrer en ces lieux et de côtoyer le monde spirituel depuis ta plus tendre enfance. Devrait-on se poser les mêmes questions à ton sujet ?

Ami - Je suis désolé de cette attitude et je tenterai d'être plus compréhensif à l'avenir.

Femme - Ne te juge pas trop sévèrement, il faut être indulgent envers ses erreurs passées et exigeant envers ses efforts futurs.

Moi - Comment les lamas avaient-ils été avertis de notre venue ici ?

Homme - De la même manière dont nous nous entretenons présentement. Nous les avons mis au courant de votre venue.

Et nous-mêmes avons reçu cette information de notre voix intérieure ou Dieu à travers nous. Cette même voix existe en chacun de vous et cette dernière a guidé les pas de ton ami vers ce monastère, duquel d'ailleurs il avait déjà entendu parler. Mais, il ne se serait pas risqué à y venir sans ta complicité car ledit monastère a la réputation d'être inhospitalier aux intrus. Avec le concours de ta présence et de sa voix intérieure, il s'est senti enclin à te proposer cette visite, tu as accepté, nous en avons été avertis et nous avons aussi informé les résidents de ce monastère de votre prochaine visite.

Il en a été de même du monastère précédent et de tous les lieux où l'on t'attendait depuis le début de ton voyage. Du moment que l'on accepte le fait qu'une communication soit possible entre l'au-delà et le monde physique, et que la voix intérieure (un des attributs de Dieu) peut informer et influencer, il n'y a plus là de mystère ou d'apparence de miracle.

Moi - Vous m'avez souvent répété que le plus grand don que Dieu ait fait à l'homme, c'est la liberté. Si Dieu influence ou tente d'influencer le destin de ses créatures, qu'en est-il de la liberté ?

Femme - Influencer n'est pas ordonner. En second lieu, Dieu influence certains gestes mais uniquement ceux qui seraient souhaités par l'âme concernée. Par exemple, ton ami souhaitait venir en ces lieux, les circonstances ne s'y étaient pas encore prêtées, voilà tout. Dieu n'a été que le coordonnateur du souhait de ton ami, ou si tu préfères, sa prière a été entendue étant donné que du bien allait résulter de cette visite.

Moi - Justement, quel bien pourra résulter de cette visite ? Pourquoi cette mise en scène et toute cette dépense d'énergie ?

Femme - Mise en scène ne pourrait être une expression appropriée, nous ne visons que des buts de progrès et aucunement d'en jeter plein la vue.

Cette dépense d'énergie, pour employer ta propre expression, vise à vous initier, toi et ton ami, aux bienfaits d'une communication avec l'au-delà. Pouvant bénéficier de cette faculté supplémentaire, vous serez davantage en mesure de participer à l'évolution. Il est aussi un facteur plus planétaire. Il est arrivé le temps où l'humanité doit refaire connaissance avec les facultés Divines. Les média reçoivent présentement des informations visant à faire accepter dans les moeurs et la culture que l'au-delà existe et qu'il est d'une aide possible aux habitants du monde physique.

Si tu examines certaines productions cinématographiques et certains documentaires sur des expériences vécues, tu réaliseras que les populations sont dorénavant à même de se libérer des mythes entourant le monde parapsychologique.

Dans ton cas précis, dans quelques années, tu pourras écrire un livre décrivant toutes ces expériences. D'autres âmes pourront, par cette lecture, avoir accès à des informations qui leur seraient autrement restées secrètes. Si elles le désirent, elles pourront ainsi faire des pas considérables vers la grande libération.

Devrait-on employer les expressions mise en scène et dépense d'énergie ou plutôt investissement d'efforts concertés dans un but précis ?

Moi - Je n'avais aucune intention de vous offusquer.

Femme - Nous ne nous sentons aucunement offusqués. Nous te confrontons à ta propre terminologie pour que tu ressentes davantage toute l'importance de ces oeuvres.

Toutes les communications dirigées vers toi poursuivaient ce même objectif, soit celui de donner une opportunité de plus à l'humanité de se libérer de ses chaînes. Des milliers d'individus sur terre sont l'objet de semblables efforts dans la plupart des pays et cultures. Nous sommes nous-mêmes plusieurs centaines à travailler dans ce sens. Nous poursuivons nos démarches selon un plan d'ensemble pour lequel nous nous concertons afin d'en conserver l'homogénéité.

Ami -   Vais-je pouvoir aussi communiquer avec vous dans le futur ?

Homme - Certainement.   Tu n'auras qu'à entrer en transe méditative comme tu sais déjà le faire.   Dirige ta pensée vers nous et nous pourrons immédiatement entrer en communication avec toi.

Ami -   Quels sont les actes que je devrai poser ?

Homme - Des actes simples de la vie de tous les jours, ils seront simplement orientés dans une direction constante de servir l'humanité.

Chapitre 22, La direction à prendre, mais librement

Le futur idéal

Ami - Quels seront ces actes simples de la vie de tous les jours ?

Femme - Par exemple, dans tes enseignements sur la méditation, tu pourrais de temps à autre orienter tes étudiants à diriger leurs pensées, dans leurs moments de méditation, vers le pardon de ceux qui les ont offensés. Ils pourraient aussi orienter leurs mantras vers l'amour du prochain.

Dans ta vie quotidienne avec ta famille, sois conciliant avec ton épouse et tes enfants. Même s'ils posaient des actes répréhensibles, exerce ta qualité de compréhension à leur égard, particulièrement lors de moments de crise. Cultive aussi ta qualité d'humour envers tes proches, leur vie en sera plus agréable ainsi que la tienne. L'existence nous est beaucoup plus douce lorsque nous l'envisageons avec une pointe d'humour.

Moi - Que devrais-je accomplir en revenant au Canada ?

Homme - La réponse que nous allons te donner est celle qui servira le mieux ton avancement et qui te permettra également de faire le plus de bien possible autour de toi. Il va de soi que tu es entièrement libre de choisir une autre voie.

Moi - Quelles seraient les conséquences d'une telle attitude de ma part ?

Homme – Si tu nous demandes notre avis sans suivre nos conseils, pourquoi continuerions-nous à te guider ?

En choisissant d'autres alternatives, tu ralentirais ton évolution et priverais ton prochain de ce que tu pourrais faire pour lui. Bref, tu choisirais la route de la souffrance plutôt que celle de la sagesse.

Avant d'entendre ce que nous avons à te dire, quelle direction prévois-tu choisir ?

Moi -   Si je vous répondais celle de la facilité, me le diriez-vous quand même ?

Femme - Bien sûr.   Nous avons le devoir de te laisser l'opportunité de choisir de la manière la plus éclairée possible.

Moi -   Vu d'aujourd'hui, je choisirais la voie de la sagesse, même si je suis conscient qu'elle apparaît souvent comme la plus difficile.   J'avoue toutefois qu'en choisissant cette route, je pourrais aussi trébucher et possiblement perdre courage à quelques occasions.   Je sais aussi que la chance qui m'est offerte par votre aide et votre appui ne peut pas être prise à la légère.   Je ne peux tout bonnement pas choisir une autre route !

Femme - Idéalement, lorsque tu reviendras au Canada, tu devrais fonder une famille avec ta présente compagne.   Ce premier geste te posera de nombreuses difficultés dans les prochaines années mais tu dois les affronter et tenter de les surmonter.   Que tu connaisses la victoire ou l'échec dans cette entreprise ne saurait endiguer les progrès qui en découleront obligatoirement.

Ouvre aussi un bureau de consultation où tu accueilleras les gens qui ont besoin de conseils.   Nous t'aiderons à les guider dans leurs démarches.   Beaucoup auront peu d'argent, pour ceux-là, tes services devraient être gratuits.   D'autres auront plus de moyens, présente alors une facture raisonnable pour ta consultation.   Certaines gens médiront sur toi au fur et à mesure que tu seras connu, laisse dire et continue à agir.

Après un certain temps on te proposera de donner des conférences.   Accepte et choisis des sujets tels que le pardon, l'amour, l'humour, le respect, la réincarnation, la liberté...

Des événements te forceront à cesser cette activité. Fais-le avec sérénité et, surtout, pardonne à ceux qui t'auront mis des bâtons dans les roues.

D'autres circonstances t'obligeront à retourner dans le monde de l'argent. Sois bien prudent de ne pas tomber dans le piège de la dépendance. Utilise plutôt tes gains, qui seront considérables, à l'investissement nécessaire au lancement d'un livre décrivant l'expérience que tu vis présentement.

Rends-toi même jusqu'à faire un film tiré de ce livre. Tu recevras l'aide nécessaire quand l'heure en sera venue.

Veille à rester vigilant pour demeurer sur la route. Les sentiers divergents seront nombreux et souvent bien tentants. Les seules difficultés que tu pourrais rencontrer viendront de toi et de tes errements possibles.

Attendre le moment opportun

Ami - Pourriez-vous aussi me donner des indications précises sur ma route à suivre ?

Femme - Dans ton cas, il serait prématuré de te livrer d'aussi précises indications. Tu dois apprendre à communiquer facilement avec nous afin que tu puisses accéder à toute l'information nécessaire pour guider tes pas. Tu dois avoir du temps de vie dans cette nouvelle philosophie, pour avoir des certitudes sur la direction que tu entends prendre. Tu dois être confronté quotidiennement à la vie normale et comparer avec la vie idéale pour être en mesure de faire un choix éclairé.

En procédant de cette manière, ta démarche spirituelle sera davantage assurée et moins sujette aux écarts de parcours.

Ami - À quels moments ai-je le plus de chance de pouvoir entrer en communication avec vous ?

Homme - Cela ne dépend pas de nous, mais de toi. Quand tu te sentiras serein, quand tu pourras faire le silence à l'intérieur de toi, quand tu ressentiras la volonté profonde de communiquer, quand ton besoin d'informations sera pressant et altruiste. Bref, tes états d'âme seuls influenceront ta facilité à entrer en contact avec nous.

Ami - Vous m'avez mentionné plus tôt que je n'avais qu'à entrer en transe méditative et diriger ma pensée vers vous. Pourriez-vous m'en dire davantage à ce propos ?

Homme - Idéalement, tente de t'isoler dans un lieu silencieux ou à tout le moins où on ne te dérangera pas. Entre en état méditatif comme tu le fais habituellement mais pratique la respiration particulière plus longtemps qu'à l'habitude. Pense à nous, mais plus largement que nous deux ici présents, pense à ceux qui ont accès à la Divine information.

Pose tout simplement tes questions et attend les réponses. Sois vigilant à taire ta propre volonté et tes propres désirs. Nous te signalerons au moment voulu lorsque ta pensée fera interférence dans notre dialogue.

Ami - Est-ce que ce processus est accessible à tous ?

Femme - Oui, absolument à tous et à toutes. Nous recherchons continuellement la justice, ce qui signifie intrinsèquement que tout le monde possède les mêmes privilèges. Mais, il y a certains principes à respecter. Entre autres, demander notre aide doit avoir des buts altruistes visant au progrès et à l'évolution. On ne doit jamais tenter de satisfaire sa curiosité et celle des autres ou viser à atteindre des profits personnels.

Vouloir satisfaire la curiosité des autres ne rencontrerait pas le critère d'altruisme. On doit tendre à vouloir les aider. Or, répondre à toutes leurs questions, particulièrement celles entourant leur besoin d'ego, pourrait leur être dommageable. De tout façon, de telles questions resteraient sans réponse.

Bref, tout être désirant humblement faire le bien recevra toute l'aide qui lui est nécessaire. Si cette âme ne pouvait entendre notre voix pour quelque raison que ce soit, nous lui enverrions quelqu'un de votre monde qui serait en mesure de le guider. La rencontre se ferait « par hasard ».

Une discrétion de bon aloi

Ami -   Puis-je parler de tout ceci ?

Homme - Oui, mais garde sous silence la direction à prendre pour atteindre ce monastère. Seuls ceux poursuivant un but légitime doivent connaître cet endroit. Sinon, il deviendrait rapidement un lieu de cirque et nous serions forcés de l'abandonner.

Le plus souvent, il ne te servirait à rien de dévoiler tes contacts avec nous. On souhaiterait te voir faire des démonstrations de clairvoyance, dans lesquelles nous ne participerions pas de toute manière et qui n'aboutiraient qu'à te faire perdre ton temps. Parfois, il sera par contre utile de dévoiler notre présence, nous t'en informerons le cas échéant.

Aussi, ce qui est en cours de t'arriver te classera dorénavant parmi les gens étranges. On aura tendance à te catégoriser soit parmi les charlatans, soit parmi les gourous. Aucune de ces appellations ne pourrait t'aider dans tes démarches. Bref, oui tu peux parler de ce que tu veux, mais avec un discernement certain.

Moi -   Que répondre à ceux qui ne manqueront pas de vouloir connaître un numéro de loterie ?

Femme - La vérité, c'est-à-dire que les communications métaphysiques ne peuvent en aucun cas servir au profit personnel.

Moi -   Et de ceux qui voudraient par exemple savoir où retrouver un enfant disparu ?

Femme - Voici une situation plutôt différente. Il arrive assez souvent qu'une telle épreuve soit souhaitable pour ceux qui la vivent. Ils peuvent avoir affaire à la loi de cause à effets (le karma). Nous vous en avertirions et vous devriez alors leur expliquer que l'information ne peut être divulguée, mais vous offririez votre appui pour affronter ces événements.

Vous auriez aussi à expliquer le pourquoi du karma, ce en quoi votre indice de popularité risque de dégringoler radicalement car les parents apprécient rarement d'être confrontés à de telles responsabilités.

Exceptionnellement, vous aurez à participer pour retrouver l'enfant. Ne faites aucune publicité sur ce genre de possibilités, votre rôle est tout à fait différent de celui du policier. Vous avez à appuyer les âmes dans leur quête d'évolution, à réconforter les démunis, à comprendre les incompris et viser à ce que tout ce beau monde atteigne son autonomie.

Moi - Des gens voudront savoir ce qu'il adviendra de leur futur, doit-on les éclairer ?

Femme - De toute manière, vous ne recevrez jamais d'informations qui ne doivent pas être données, ce qui vous protègera contre vos élans de divulgation de primeurs. Pour ce qui concerne le futur des individus, il est excessivement rare qu'il soit profitable de le dévoiler. Si les gens savaient à l'avance les épreuves à venir, ils feraient en sorte de les éviter et ces épreuves sont nécessaires à leur évolution.

De plus, l'avenir n'est jamais immuable car les âmes possèdent leur libre arbitre et elles peuvent changer leur futur sur une base continuelle. C'est donc dire que nous possédons, en quelque sorte, des probabilités d'événements plutôt que des certitudes.

Moi - Et à propos de leurs vies antérieures ?

Femme - Encore là, vous ne recevrez que l'information évolutive. Il est assez rare que la connaissance de la nature des vies antérieures permette l'évolution. Ceux qui ont vécu des vies de gloire auraient tendance à se gonfler d'orgueil ou à trouver insipide leur vie présente. Ceux qui ont vécu des vies de violence envers autrui pourraient développer des culpabilités ou des remords et même craindre les effets à venir de leur karma. Ceux qui en sauraient davantage sur des vies ordinaires n'apprendraient rien qui satisfasse leur goût du fantastique.

Par contre, dans certaines circonstances exceptionnelles, on vous indiquera certaines vies antérieures à dévoiler mais toujours dans un but précis et particulier.

Moi - Je retrouve un point commun dans toutes ces restrictions. Lorsque nous les exposerons aux intéressés, nous ne répondrons que rarement aux désirs de ces derniers.

Homme - J'emploierais un autre mot que restriction, j'utiliserais plutôt discernement. Il n'est aucunement question de restreindre l'information. Tout ce qui apportera réconfort, progrès et évolution sera dévoilé, tout ce qui aurait l'effet contraire sera passé sous silence.

Comme l'eau choisit naturellement la voie la plus facile pour s'acheminer vers la mer, les âmes recherchent la plupart du temps la facilité. Leurs désirs sont façonnés sur cette habitude. Comme l'évolution résulte souvent d'efforts continus, soutenus par une ferme persévérance, il y a fréquemment incompatibilité entre les désirs et le progrès.

Répondre aux désirs de ceux qui viendront à vous vous rendraient des plus populaires. Mais, vous ne vous êtes nullement engagés sur la route de la popularité. Vous serez même souvent rejetés, on rira de vos affirmations et on tentera de vous blesser de bien des manières. Sachez cela avant de commencer et préparez-vous en conséquence.

Moi - Est-ce à dire que la route de l'évolution doit nécessairement passer par la souffrance ?

Femme - Absolument pas. Il faut savoir différencier souffrance et efforts. La souffrance résulte de la prise de conscience d'erreurs, de la déception face à des attentes insatisfaites ou d'attitudes néfastes qui nous mènent à l'autodestruction.

Les efforts nous permettent de minimiser les erreurs et de connaître peu de déceptions en évitant les attentes irréalistes. Nous viserons à réaliser les objectifs à notre portée et nous transformerons finalement les attitudes néfastes en comportements constructifs qui nous porteront inéluctablement vers un mieux-être.

J'affirmerai que les efforts nous conduisent sur la route de l'évolution et qu'au bout de celle-ci, nous pouvons aspirer à goûter à une paix durable et nous pouvons reposer dans la douce certitude du devoir accompli, en pleine possession de tous nos Divins moyens. Il n'y a aucun espace ou temps disponible pour la souffrance dans un tel état d'âme.

Homme - Notre entretien tire à sa fin car nous avons couvert tous les points nécessaires pour que vous puissiez entreprendre vos démarches mutuelles. Nous avons également d'autres tâches à accomplir. Aussi longtemps que vous persévérerez dans le progrès et la créativité, vous pourrez inconditionnellement compter sur notre présence et notre appui. Au revoir et bon courage.

Femme - Votre réussite repose sur vous. Au revoir.

Sur ce, ils disparurent purement et simplement. Le lama nous invita à le suivre pour rejoindre la sortie. Il nous remercia de notre visite en nous disant au revoir.

Chapitre 23, Sur la route

Un vide à combler

À chaque fois où je devais physiquement quitter ces âmes, je ressentais un immense vide en moi, comme si la lumière du soleil s'assombrissait soudainement. Leur inébranlable sérénité, leur dévouement et leur éclatante philosophie de vie me les rendaient excessivement chers. J'aspirais à devenir comme eux et j'avais l'impression que leur présence accélérait ma propre ascension. Mais, avant d'apprendre à voler, il faut apprendre à marcher sans trébucher.

Mon ami et moi reprîmes le sentier et il me proposa de passer par une autre route pour le retour. Nous traverserions ainsi un hameau où nous pourrions nous restaurer. J'acceptai volontiers.

Ledit hameau n'était autre qu'un groupe de cinq ou six maisons, à flanc de montagne, entourant un ruisseau dévalant la pente à une vitesse folle en raison de l'inclinaison du sol. Mon ami ne connaissait pas ces gens mais nous fûmes accueillis à bras ouverts et on nous servit un repas. Dans ces montagnes, il est assez courant que les voyageurs s'arrêtent à une demeure pour y demander l'hospitalité. La coutume veut que l'on verse quelques roupies en remerciement. Pour ces gens, cet argent est le bienvenu car ils n'ont que rarement l'occasion d'en gagner.

Nous étions à la frontière du Tibet et de l'Inde. Mon ami étant lui-même tibétain, il n'avait donc aucune difficulté à se faire comprendre de ces gens. Ces derniers vivaient d'un peu d'agriculture et de l'élevage de chèvres. Même s'ils seraient considérés comme très pauvres en Amérique du Nord, en comparaison des habitants de la vallée indienne, ils semblaient plutôt riches.

La famille qui nous accueillit était composée du père et de la mère, d'un couple de vieillards qui devaient être les parents de l'un ou de l'autre et de trois enfants de moins de dix ans.

Leur maison était construite d'un mélange de bois, de pierres des champs et de terre mélangée à de l'herbe, le tout sur un plancher de terre battue. Ils nous invitèrent à passer la nuit avec eux, nous pourrions coucher par terre sur des peaux de bête et nous recouvrir avec d'autres peaux. Mon ami dut décliner l'offre car son épouse l'attendait et elle serait grandement inquiète s'il ne rentrait pas, surtout en sachant dans quelles montagnes sauvages nous nous étions enfoncés.

Ce sur quoi ils ajoutèrent que si je le désirais, je pourrais rester quand même. Je demandai à mon ami si j'avais quelque chose à craindre de ces gens. Il affirma que non, que je n'avais qu'à être prudent seul dans la forêt, où séjournaient des serpents et des animaux sauvages. Il m'expliqua comment revenir à Darjeeling par mes propres moyens, resta quelques heures de plus et repartit peu avant la tombée de la nuit.

De la paix à la tourmente

Mes hôtes firent un feu devant la porte de la maison, ce qui la réchauffait sans accumulation de fumée car il n'y avait pas de cheminée. Nous prîmes place autour du feu, mangeant des aliments cuits sur les pierres entourant la braise. Nous communiquions par signes, je me sentais terriblement en paix avec ces gens dont j'ignorais l'existence 24 heures plus tôt.

Ils réussirent à me faire comprendre avec une multitude de gestes et de mimes, que la présence du feu devant la porte les préservait des animaux sauvages. Ce qui ne me rassura pas outre mesure, mais s'ils avaient vécu en ces lieux toutes ces années, pourquoi n'en serait-il pas de même cette nuit encore ? Nous buvions de l'eau glacée venant directement de la cascade et du thé bouilli à même le feu décrit précédemment.

Le ciel était incroyablement clair à cette altitude, dévoilant une myriade d'étoiles semblant former un lit douillet destiné au seul confort de la lune.

Ils ne parlaient pas, ne posant comme seuls gestes que ceux destinés à l'eau et au thé. Ils veillaient tout simplement au feu. Ils consommaient la tranquillité de la nuit naissante. Je me joignis à eux pour cette activité qui consistait à paresser.

S'insinuait en moi une paix de l'âme des plus exceptionnelle. Je renouais connaissance avec l'être humain. Ces gens d'un naturel si criant, si accueillants dans leur simplicité, me donnaient le goût de communiquer avec mon prochain. Dans le silence de la nuit, nous participions à une communion.

Tout à coup, nous entendîmes un grognement à quelques mètres de nous. Je me retournai dans la direction de ce bruit animal et je faillis m'évanouir quand mes yeux rencontrèrent ceux d'un énorme félin qui s'approchait de nous à pas feutrés.

Le père se leva d'un pas vif, se saisit d'une bûche provenant du feu, la lança le plus naturellement du monde vers l'animal qui prit la fuite dans un mouvement naturel et coulé. On eut dit que tous les acteurs de ce spectacle avaient répété cette scène des dizaines de fois pour mon seul bénéfice. Pour la clôture, le père se contenta d'invectiver l'animal dans son dialecte, dans la direction où celui-ci s'était enfui.

Je ne savais pas s'il s'agissait d'un tigre ou d'une autre espèce ressemblante mais, pour la grosseur, aucun doute. Il va de soi que mes hôtes ne purent jamais reconnaître les mots tigre ou « tiger ». À ces altitudes (environ 5 000 mètres), je ne croyais pas qu'il puisse y avoir des tigres mais, pourtant, dans l'ombre de la nuit, il m'avait vraiment semblé reconnaître ce grand félin.

Ils m'assurèrent, par une multitude de gestes, qu'avec le feu nous ne courions aucun danger. Ils reprirent place auprès des flammes et continuèrent leur nocturne relaxation comme si de rien n'était. Pour ma part, j'écoutais les bruits de la nuit avec la plus grande attention, balayant du regard tous les espaces entourant l'endroit.

Je me rappelai la paix ressentie lorsque j'avais remis mon sort entre les mains de Dieu, dans la voiture taxi lors de l'escalade vers Darjeeling. Je pratiquai le même abandon et je ressentis la même sérénité qu'avant l'apparition du trouble-fête.

Ces montagnards, semblant si vulnérables à prime abord, posséderaient-ils des attitudes semblables face à l'Univers (Dieu) ? Est-ce cela qui expliquerait le comportement assuré du père face à cet énorme félin ? L'abandon que je devais pratiquer par la force, le pratiquaient-ils par tradition de père en fils ?

La nuit porte conseil

Ces réflexions se poursuivirent jusqu'au coucher. Le père remit une bonne quantité de bois dans le feu et m'indiqua que je pouvais en remettre pendant la nuit, ce que je me promettais fermement de faire. Ma couche était d'ailleurs située au milieu de la pièce du devant, soit entre le feu et les occupants de la maison.

On étendit des peaux sur la terre battue et on m'en remit d'autres pour me couvrir. J'avoue que c'était plutôt confortable. De plus, lorsque je fus couché, je pouvais admirer le reflet des flammes sur les murs et le plafond. Si ma pensée se dirigeait vers le félin rôdant dans la nuit, les craintes les plus morbides s'éveillaient en moi. Quand je remettais mon sort entre les mains du Destin (Dieu), je me sentais serein, admiratif devant les couleurs dansantes du feu et confortable dans ma couche de fortune.

Ce qui ne m'empêcha nullement de me lever à toutes les heures, ou à peu près, pour entretenir le feu.

Cependant, plus la nuit avançait, plus je réussissais à taire ma propre pensée remplie de crainte et d'insécurité. Plus je joignais la Pensée Universelle (Dieu), plus la crainte et l'insécurité se volatilisaient pour laisser la place à la confiance et à la certitude.

Pourquoi ne pas m'en tenir à cette seule attitude, me direz-vous ? Parce que nous avons tendance à demeurer ancrés dans nos anciennes habitudes. Parce que nous avons l'impression d'être vulnérables si nous accordons notre confiance à tout autre qu'à nous-mêmes. Pourtant, on a déjà affirmé, il y a deux mille ans ou presque, « par moi-même, je ne puis rien faire, seul le Père qui habite en moi a le pouvoir de réaliser ces oeuvres ».

Je parvenais à somnoler mais je m'éveillais en sursaut, examinant les alentours immédiats à la recherche d'une présence hostile. Je me levais pour alimenter le feu. Je remettais ma confiance en Dieu, je me rendormais. Il en fut ainsi jusqu'à l'aube. La maisonnée reprit vie, le père alimenta le feu et la mère prépara le petit déjeuner sur les braises de la veille. Tout le monde se restaura.

Une journée de montagnard

Le père m'invita à l'accompagner dans son travail. Les enfants nous suivaient. Ces derniers n'avaient évidemment jamais mis les pieds à l'école et ne les mettraient possiblement jamais. Ils prendraient la relève de leur père qui habiterait probablement avec l'un d'eux jusqu'à sa mort; et ainsi de suite, de génération en génération.

Nous prîmes soin des chèvres, leur donnant des pelures de légumes, les examinant pour vérifier que tout allait bien. Ils les caressaient au passage, père et enfants, et tous les participants de cette scène semblaient faire corps.

Nous passâmes ensuite à l'entretien du potager. Dans ces montagnes, il n'y a que très peu d'espaces plats. L'inclinaison de la pente varie entre 30 et 45 degrés. Lorsque les habitants veulent cultiver la terre, ils aménagent le terrain en escalier, ce qui donne un espace plat sur environ deux mètres et un à-pic sur à peu près 1.5 mètres. Ils stabilisent cet aménagement par des pieux renforçant l'à-pic. Ils peuvent alors cultiver du thé, des pommes de terre, des navets et autres légumes qui me demeurent inconnus.

Tout le monde participait à la tâche. Les enfants couraient en riant chercher de l'eau à la cascade, la ramenaient au père et à la mère qui veillaient à l'arrosage et au sarclage des mauvaises herbes. Les grands-parents observaient le tout, y allant bon train de leurs commentaires auxquels répondaient les parents sur différents tons.

Même si je ne comprenais pas le moindre mot de ce qui se racontait, j'en saisissais l'essence. Le père tentait de m'expliquer avec force gestes l'abc de l'agriculteur de montagne, ce qui ne manquait pas d'un certain charme.

Il en fut ainsi jusqu'à l'heure du déjeuner qui fut préparé, servi et mangé de la même manière que le dîner de la veille et le petit déjeuner du matin. La vie de ces gens était des plus routinières mais ils semblaient y goûter à chaque reprise comme si c'était la première fois.

La routine ne résiderait donc pas dans les événements eux-mêmes mais, plutôt, dans la perception de ceux qui les vivent. Je voyais les adultes absorber chaque gorgée de leur thé avec un plaisir ineffable. Les enfants inventaient des jeux simples avec des cailloux et des bouts de bois, s'esclaffant de rire à tout instant. Les grands-parents goûtaient à une vie calme et sereine sans cesse renouvelée.

Naturellement, une famille de mon pays ne pourrait être parachutée ici et y vivre heureuse, du moins pas avant de longues années d'apprentissage. Il est beaucoup plus facile d'apprendre à survivre dans ces montagnes que d'y apprivoiser sa sérénité à y vivre. Cette vie se module depuis le sein de la mère, développée dans l'enfance et maîtrisée chez l'adulte consentant. Je les trouvais extrêmement enviables même si je restais conscient de ne pouvoir vivre de la même façon, du moins à court terme.

J'allais revenir au Canada, être de nouveau envahi par la radio, la télévision, les loisirs et un rythme de vie à 100 milles à l'heure. Je ne reverrais jamais ces gens et j'oublierais les leçons de savoir-vivre acquises ici. Je me secouai et me jurai de retenir au moins quelque chose. « La routine ne réside donc pas dans les événements eux-mêmes, mais, plutôt, dans la perception de ceux qui les vivent ». Si je pouvais ne ramener que cette découverte dans mon bagage, mon voyage, et même ma vie, connaîtraient un aboutissement satisfaisant.

Une autre nuit dans la montagne

Après le déjeuner, le père m'invita à passer une autre nuit avec eux. Après réflexion, j'acceptai son invitation, peu désireux que j'étais de me laisser surprendre par la nuit, si jamais je peinais à retrouver ma route malgré les indications que m'avait données mon ami avant son départ la veille.

L'après-midi se déroula comme la matinée, débutant par le soin aux chèvres, se continuant par du jardinage, se terminant par la préparation et la consommation du dîner. Nous reprîmes place autour d'un feu allumé et entretenu par le père. Les parents, grands-parents et moi-même consommant du thé ; les enfants jouant entre eux jusqu'à ce que la fatigue les rapatrie auprès de nous.

Nous ne revîmes pas le félin de la veille. Cependant, nous entendîmes une bagarre entre deux animaux de grande taille, probablement des bêtes fauves et peut-être même l'intrus de la soirée précédente. Le père se leva à nouveau et reprit ses invectives dans la direction des cris féroces poussés par les deux animaux.

Cela ne manquait pas d'une certaine drôlerie, de voir cet homme debout à l'orée du cercle de lumière autour du feu, regardant vers la forêt en s'époumonant pour sermonner les antagonistes. Il semblait leur exprimer son extrême impatience en leur signalant qu'une famille honnête a acquis le droit de se reposer après une rude journée de labeur et qu'elle n'a pas à être indûment importunée. Et, croyez-moi, il y allait de bon coeur dans son discours. Le reste de l'assemblée assistait stoïquement à cet excès d'humeur et ne semblait y voir strictement rien d'anormal. Tout un spectacle !

Je dormis profondément cette nuit-là. Peut-être en raison du manque de sommeil de la nuit précédente ou peut-être pour le calme observé chez cette famille vivant en permanence à proximité de ces animaux. La hargne du père à l'égard des protagonistes leur interdisait de détecter une quelconque peur chez celui-ci, ce qui devait signifier par le fait même qu'il pouvait y avoir un danger pour eux d'attaquer. En fait, l'attitude de ces gens avait une influence positive sur ma propre personne. Je me sentais en sécurité.

Des adieux émouvants

Le lendemain matin, après le petit déjeuner, je me préparai à prendre congé de mes hôtes. Le père réussit à me faire comprendre, avec mille et un gestes, que si je rencontrais un fauve, je devais le regarder dans les yeux sans démontrer de peur et m'éloigner à petits pas sans précipitation. Je me rappelai que j'avais à parcourir une longue route à travers la forêt, sans autre arme qu'un couteau et sans aucune protection extérieure.

Après ces explications, je lui remis 50 roupies (un peu plus de 3 dollars), me demandant si c'était suffisant pour cinq repas et deux nuitées. Le père en eut les larmes aux yeux, se confondant en remerciements. Cette somme représentait manifestement beaucoup pour eux. Il me serra dans ses bras et apposa ses mains sur son coeur et le mien, me signalant ainsi, d'après ce que je compris de ses gestes, que son coeur allait m'accompagner durant mon voyage de retour.

Je ressentis encore une fois un grand vide en me séparant de mes nouveaux amis. Mais, je me tournai résolument vers mon Père habitant en moi, je remis ma protection entre ses mains et je retrouvai immédiatement une calme sérénité. Je m'engageai sur le sentier, anticipant avec joie tous les paysages que j'allais être en mesure de découvrir.

Oui, les paysages allaient être au rendez-vous, mais d'autres acteurs aussi.

Chapitre 24, Un début de libération

Comme on se retrouve

J'avais parcouru quelques kilomètres lorsque je commençai à éprouver un vague sentiment d'inquiétude. J'avais l'impression d'être suivi. Je m'arrêtai mais ne vis ni n'entendis rien. Je pensai être le jouet de mon imagination. Je continuai ma route quelques minutes puis j'entendis un craquement qui ne pouvait porter à confusion.

Je me retournai et faillis défaillir quand je vis un tigre à environ 50 mètres qui s'avançait directement vers moi. Je me souvins des recommandations de mon hôte et je fixai le fauve directement dans les yeux, ce qui ne l'empêcha pas de progresser dans ma direction. La panique prit naissance en moi. La bête allait me déchiqueter et prendre un bon repas. 25 mètres !

J'eus alors l'éclair de remettre mon sort entre les mains du Créateur (Dieu). Toute trace de panique, de peur, d'inquiétude ou d'insécurité disparut instantanément. Je *savais* que je ne courais plus aucun danger. Le félin stoppa immédiatement, son attitude d'agressivité se mua en indifférence et un changement des plus évidents s'opéra dans son regard. De chasseur sûr de maîtriser sa proie, de prédateur dominant un plus faible que lui, il se transforma en observateur non concerné.

L'animal dirigea ses pas perpendiculairement au sentier et disparut bientôt de ma vue.

Mon hôte avait confiance en ses capacités pour affronter les bêtes sauvages. Il conservait tous ses moyens dans les circonstances dramatiques. C'est pourquoi il avait gardé son calme lorsque le fauve était apparu l'avant-veille. Il connaissait depuis des générations les vertus du feu pour apeurer les animaux et il se prémunissait de cette arme s'ils se risquaient à venir rôder. Il *savait*, plutôt qu'il *croyait*, pouvoir contrôler la situation.

Quand on *croit*, on demeure vulnérable. Si la situation dégénère et s'envenime, on peut facilement céder à la panique et perdre tous ses moyens. Les animaux détectent ce sentiment chez leurs victimes potentielles et l'exploitent.

Quand on *sait*, on devient inébranlable. On s'adapte à la situation quelle qu'elle soit et on conserve ses capacités. On s'imperméabilise face à la peur ou à la panique, demeurant conscient de la certitude de vaincre.

Dans mon cas, seul confronté à cet événement, j'avais cédé à la panique me croyant totalement vulnérable face à mon adversaire. Lorsque je confiai le contrôle de ma situation au Père (Dieu) habitant en moi, celui-ci *savait* pouvoir dominer l'agresseur. Le tigre ressentit immédiatement ce renversement de situation et son instinct lui dicta une conduite de soumission face à plus fort que lui.

Il n'est évidemment pas question de ma propre personne. De moi-même, je n'aurais rien pu faire d'autre que de me laisser dévorer. Dieu mon Père, au contraire, n'avait rien à craindre devant ce ridicule adversaire. Souvenons-nous que Dieu fait tourner la terre sur elle-même à plus de 1600 kilomètres par heure, lui fournissant chaleur, lumière, eau, oxygène et bien d'autres éléments depuis des millions d'années. En comparaison de cette puissance, les dents et les griffes d'un félin, fut-il un tigre ou un lion, prennent la dimension de la collision d'un caillou avec le soleil.

Donnons à César ce qui appartient à César

Ces lignes, même si elles sont écrites de ma main, ne viennent pas de moi. De moi-même, j'aurais été incapable de trouver des explications à ces événements. Ce sont les « voix » de l'au-delà qui m'ont instruit sur les tenants et les aboutissants de tout ce qui précède. Une fois les connaissances emmagasinées dans notre mémoire, nous pouvons les utiliser à volonté. Mais, avant de recevoir ces extraordinaires enseignements, je n'aurais pu faire que des suppositions, dans lesquelles la vérité aurait probablement brillé par son absence.

Ces « voix » ont accès à ces informations par l'Être qui préside aux destinées de l'Univers (Dieu), celui-là même qui fait tourner les électrons en orbite autour du noyau de l'atome à 300,000 kilomètres à la seconde, depuis des milliards d'années sans que survienne une collision. Celui qui est l'Intelligence, l'Énergie et la Substance avec lesquelles sont constituées l'Univers.

Jésus de Nazareth a affirmé que de lui-même il ne pouvait rien, que seul le père qui habitait en lui accomplissait les oeuvres. Il rendait à César ce qui appartenait à César mais, aussi et surtout, il avait pris conscience que son immense pouvoir ne lui était accessible qu'en laissant agir Dieu. En tentant d'exécuter lui-même les guérisons, les multiplications de la nourriture et les résurrections, il n'aurait pu que connaître de lamentables échecs.

Il a aussi affirmé que nous pourrions réaliser ses oeuvres et même de plus grandes. Il signifiait ainsi que le pouvoir de Dieu peut être accessible à tous ses enfants. Il suffit de vivre dans l'amour, la foi, la vérité et le respect de faire à son prochain ce que l'on souhaiterait qui nous soit fait, tout en laissant Dieu se servir de son pouvoir à travers nous. Il ne pourrait en être autrement car Dieu, qui est justice absolue, ne pouvait qu'accorder les mêmes privilèges à tous ses enfants.

Usons et abusons de notre nouvelle liberté

Je poursuivis ma randonnée en direction de Darjeeling avec une sérénité toute nouvelle. Je pouvais rencontrer n'importe quel animal, fut-il humain, que cela me laissait totalement indifférent. Je me permis même un luxe que je n'aurais jamais osé quelques heures auparavant.

Je découvris une grotte à flanc de montagne, contiguë à un mince filet d'eau. Je décidai d'y passer la nuit. Je ramassai du bois pour faire du feu, bus goulûment de l'eau de montagne et me confectionnai une litière avec des feuilles mortes. Je pris place auprès du feu pour entreprendre une solitaire relaxation. Quelle sensation de liberté ! Être libre de ses propres peurs, craintes et appréhensions.

Les chaînes que nous nous fixons nous-mêmes sont bien plus insidieuses et contraignantes que celles qui nous sont imposées par d'autres. La noirceur ne représente aucun danger en soi et pourtant, une majorité d'entre nous ressent un malaise dans l'obscurité. Ressentir une appréhension avant d'être confronté à un événement ne nous avance strictement à rien et nous sommes conscients que cette crainte nous prive de certaines de nos capacités. Une quantité d'âmes cultive cette attitude de ressentir de la peur avant même d'être confronté à quoi que ce soit pouvant représenter un danger.

Avoir la latitude de dormir seul en pleine montagne, sachant la présence de bêtes fauves, sans moyens de défense autres que ma confiance en Dieu, me laissait pantois de plaisir et de bien-être. Découvrir de tels horizons vous propulse dans la vision de l'Infini et de l'Absolu. Vive la révolution !

Je m'étendis dans les feuilles, me recouvris avec d'autres et m'endormis d'un sommeil sans rêve jusqu'à l'aube du lendemain. Je refis connaissance avec l'environnement. J'avais l'impression de redécouvrir la vie et ses composantes. Je voyais la montagne d'un oeil nouveau, elle ne représentait plus aucun danger, elle contenait plutôt un million de choses à découvrir et à explorer. Ce pays étranger, qui m'avait semblé pouvoir m'engloutir dès mon arrivée, prenait maintenant la dimension d'un univers nouveau, riche en particularités de toutes sortes et complètement originales pour quelqu'un de culture nord-américaine.

Vivre de telles sensations nous procure une telle euphorie, que nous avons l'impression de vivre dans un rêve 16 heures sur 24, les autre heures étant consacrées au sommeil de notre corps. Jamais roi n'a pu se sentir plus royal et plus souverain que celui qui peut vivre en paix et en harmonie avec son environnement, sachant que toute hostilité serait irrémédiablement dominée par sa Divine appartenance.

Revenons à nos moutons

Je sus à cet instant que le but de mon voyage dans cette région était maintenant atteint. Je pouvais marcher en avant. J'avais entendu parler d'un ashram, à l'autre bout de l'Inde, situé dans les contreforts nord-ouest de l'Himalaya. Je décidai de traverser le pays en sens inverse afin de m'y rendre. Je savais que celui qui dirigeait l'ashram était un enseignant réputé à travers le monde. Alors, faire un détour de quelques milliers de kilomètres pour aller le rencontrer, me parut tout à fait naturel.

Je découvris que l'on pouvait redescendre dans la vallée par autobus plutôt que par voiture taxi, ce que je fis. Lorsque j'arrivai à la gare qui devait me servir de point de départ pour retourner à New Delhi, je dus prendre place dans le dernier wagon de troisième classe, qui était réservé à des soldats indiens mais ils acceptèrent que j'y monte.

L'un d'eux engagea immédiatement la conversation. Il avait droit à une permission de deux jours (excluant le transport car il y demeurait en devoir), et il en profitait pour aller voir son épouse et ses enfants qu'il n'avait pas vus depuis un mois. Le trajet en train, pour atteindre notre destination de New Delhi, durait trois jours; il était heureux que j'aie rencontré ce soldat qui en avait tant et tant à dire.

Il me montra les photos de sa famille, m'expliquant que ses parents habitaient avec eux. Il insista longuement pour que je l'accompagne chez-lui pour le temps de sa permission, arguant que cela me donnerait l'occasion de voir de mes yeux les coutumes de vie d'une véritable famille indienne. L'invitation me toucha profondément mais je la déclinai tout de même. Je me sentais pressé, pour quelque raison obscure, de me diriger vers ma nouvelle destination.

Nous passâmes de nombreuses heures à discuter de différents sujets de la vie. Lui et ses amis se surprirent du fait que je ne consommais ni alcool, ni cigarettes. Ils me demandèrent même si je me dirigeais vers la voie de la sainteté, et ce, le plus sérieusement du monde. Plutôt étonnant de constater que l'abstinence de ces actes plutôt anodins, puisse engendrer de semblables opinions!

Certains non-fumeurs ou non-consommateurs d'alcool pourraient se comporter d'une manière tout à fait barbare vis-à-vis leurs semblables, ou au contraire, certains fumeurs et consommateurs d'alcool pourraient pratiquer une grande générosité. N'est-ce pas davantage notre attitude envers notre prochain qui mène ou non à la voie de la sainteté ?

Toujours est-il que mon nouvel ami avait lui-même des attitudes charitables. En effet, il me prêta une de ses couvertures pour que je puisse m'étendre pour la nuit. Dans les gares, il me servait continuellement d'interprète pour que je puisse bénéficier de tous les services possibles. Il était évident qu'il prenait en considération mon statut d'étranger; il voulait s'assurer que je ne me fasse pas duper par les marchands et que je profite des mêmes privilèges que la population locale.

Je lui expliquai que ces attitudes altruistes à mon égard étaient bien davantage signe de sainteté que le simple fait de s'abstenir de fumer ou de boire. Je constatai, par son regard surpris, qu'il n'avait jamais envisagé les choses de cette manière. Nous discutâmes longuement sur les dangers de se fier aux apparences et de se conformer aux moeurs et coutumes établies depuis longtemps.

La discussion se déroulait en anglais et il m'avait baptisé « brother » (frère). Il avait le grade de simple soldat et ne possédait que peu d'instruction, ayant grandi dans une famille très humble socialement. Mais, combien riches ses actes et ses paroles m'apparurent-ils. La grandeur d'âme ne saurait se mesurer autrement que par l'attitude de respect et de générosité envers son prochain.

Nous arrivâmes à la gare ferroviaire de New Delhi à 1:00 heure du matin. Ses confrères soldats s'empressèrent de continuer leur route vers leur destination respective. Mais, lui, ne voulut pas me laisser seul dans cette ville. Nous transitâmes tous deux vers la gare d'autobus d'où nous pourrions continuer notre voyage chacun de notre côté. Il y avait un autobus dans la direction de son village à toutes les heures et dans la mienne à 5:00 heures du matin, ce qui ne l'empêcha nullement de rester à mes côtés, soucieux qu'il était de veiller sur ma sécurité.

Nous nous rappellerons qu'il n'avait qu'une permission de 48 heures et qu'il n'avait pas vu sa famille depuis un mois. J'eus beau insister pour qu'il parte sans se soucier de moi, il demeura sourd à mes exhortations. Nous nous sommes assis côte à côte sur un banc, avons continué notre amicale conversation jusqu'au départ de mon autobus, où il m'accompagna jusqu'à la dernière seconde. Des larmes coulaient sur nos visages d'hommes et nous assumions notre condition d'êtres humains.

Une ascension frigorifique

Il y avait 22 heures de route avant ma destination finale, une ville du nom de Kulu située au nord-ouest des contreforts sud de l'Himalaya. Au début du trajet, nous traversâmes la vallée sise au nord de New Delhi et pénétrâmes dans la chaîne himalayenne en début de soirée. J'eus à goûter pour la seconde fois à la désagréable surprise de l'absence totale de chauffage dans un véhicule. Le thermomètre extérieur devait marquer aux environs de moins dix degrés celsius. À l'intérieur de l'autobus, en y ajoutant le facteur humidité, l'inconfort dépassait l'entendement humain.

On comptait une quarantaine de passagers dans cet autobus, 39 possédaient des couvertures, y compris le chauffeur, mais pas moi. Je vidai systématiquement mes valises et enfilai tous les vêtements qui pouvaient être portés l'un par-dessus l'autre. Je devais avoir cinq ou six épaisseurs mais rien n'y fit, je grelottais. Je ne tardai pas à ressentir de la fièvre.

En arrivant à Kulu, je pris un taxi qui m'amena à un hôtel situé tout près de l'ashram dont j'avais entendu parler. Je payai un supplément pour avoir une chaufferette électrique, me couchai immédiatement à environ un pied de la chaufferette pour réussir à dominer mon hypothermie.

Mais, dans ces régions, l'électricité va et vient continuellement. Une heure de panne, une heure de courant, sur une base continue. Peut-être s'agissait-il de délestage pour pallier au manque de barrages hydroélectriques. Toujours est-il qu'il s'avère pratiquement impossible de connaître une température acceptable pendant les nuits d'hiver.

Tous ces détails pour montrer combien nous, occidentaux, avons la vie facile et qu'en plus, nous trouvons le moyen de nous plaindre, ce qui relève pratiquement de l'indécence.

Je décidai de passer quelques jours pour récupérer avant de me présenter à l'ashram. Je voulais calmer ma fièvre et remettre mon corps en santé afin de pouvoir bénéficier pleinement de mon séjour en ces lieux. Je dormis de longues heures, bus de grandes quantités d'eau, mangeai peu et méditai longuement.

Ces conditions me permirent d'atteindre des niveaux de transes me permettant d'effectuer de merveilleux voyages astraux. Je pouvais sortir de mon corps pratiquement à volonté. Je circulais dans l'espace un peu comme un poisson dans l'eau. J'arquais mon corps astral pour changer de direction, j'augmentais et diminuais ma vitesse, j'observais ce qui m'entourait comme lorsque l'on visite des lieux touristiques.

Je revenais vers mon corps, le trouvais inintéressant et repartais de plus belle. Je dirigeais ma pensée vers un lieu éloigné et je m'y retrouvais à peu près instantanément. Vivre de pareils moments incite évidemment à vouloir continuer en permanence. Par contre, on m'avait aidé dans mes démarches afin que je puisse en parler et que d'autres aient accès à de pareilles possibilités.

A-t-on vraiment le choix quand on prend conscience de ces alternatives ? Profiter éternellement d'une pareille félicité pourrait-il porter une autre étiquette que celle d'égoïsme ? Si ceux qui ont si obligeamment accepté de me guider avaient agi de semblable façon, je serais encore à ronger mon frein et à développer mes rancunes, en essayant d'oublier dans la fuite mon permanent état d'insatisfaction face à la vie.

Je réintégrai mon corps à l'aube du troisième jour, avec la ferme intention de me rendre à l'ashram et d'en tirer tous les enseignements possibles. Ensuite, je reviendrais au Canada où je pourrais commencer à rembourser ma dette envers l'Univers (Dieu).

Chapitre 25, D'autres confirmations

Un plaisant accueil

Je me rendis à l'ashram un dimanche matin. Je fus étonné de constater le nombre imposant de chélas (élèves) qui s'y rendaient. Ils étaient plus d'une centaine venant de tous les coins de la planète. J'en rencontrai de Grande Bretagne, d'Australie, du Canada, des États-Unis, d'Amérique du Sud, d'Europe continentale, bref, de la Terre.

Je discutai avec quelques-uns et ils m'apprirent que je tombais bien car le dimanche, on accueillait exceptionnellement des visiteurs pour participer aux enseignements. Quel heureux « hasard ». À cet instant arriva le maître. Il ne portait qu'une robe blanche, flottant dans des sandales où on voyait ses pieds nus. Nous étions à l'extérieur et à cette heure matinale, la température avoisinait 0 degré celsius. Les chélas et moi-même portions tous de lourds vêtements d'hiver et des bottes pour nous protéger de la froidure.

Il demanda à ses élèves de m'être présenté. Il vous transperçait d'un regard plutôt fascinant, bouillonnant de vie et d'humour. Il m'invita pour l'élocution qui allait bientôt avoir lieu et nous confia qu'il nous verrait dans une petite demi-heure car il avait un rendez-vous pour boire une tasse de thé. Il dévala la pente enneigée du pas assuré d'un adolescent.

Les chélas m'invitèrent à entrer dans l'ashram où je pourrais les aider à préparer la grande salle de réunion. Celle-ci devait faire dans les dix mètres sur quinze mètres. Il y avait des piles de coussins près des murs que nous étendîmes dans toute la pièce.

J'appris ainsi que la majorité d'entre eux habitait ici depuis plusieurs mois pour recevoir les enseignements. Ils louaient des maisons en groupe ou ils résidaient dans des annexes de l'ashram, spécialement destinées à cet effet. Ils avaient entendu parler de ce lieu dans leur pays respectif et avaient correspondu par écrit avec le secrétaire de ce groupe. Certains recevaient une invitation à y venir, d'autres se faisaient répondre poliment qu'ils ne pourraient y être admis.

Ils partageaient tous une attitude de sérénité et de camaraderie. Au fur et à mesure que nous aménagions la salle, d'autres élèves arrivèrent et la salle fut bientôt pleine. Le maître arriva bon dernier. Sa place était prévue à l'avant, dans une énorme chaise surélevée pour que ceux en arrière puissent le voir. Il s'y installa dans la position du lotus, les jambes croisées sous lui, et conserva cette posture pendant toutes les heures suivantes.

Les chélas adoptèrent aussi la position du lotus, se servant chacun d'un coussin. Je m'apprêtais à faire de même lorsque le maître prit la parole et demanda qu'on m'apporte quelques coussins pour que je puisse m'asseoir, arguant que le nord-américain que j'étais serait plus confortable en position assise.

Une minorité de l'assemblée sembla ne pas priser particulièrement ce privilège. Pour ma part, j'appréciais cette faveur pour le confort qu'elle m'apportait mais, en même temps, cela me donnait l'allure d'une mauviette et cette pensée ne me plaisait pas outre mesure. Par contre, plus la réunion se prolongeait et plus je m'en félicitais car, malgré cet avantage, j'avais à changer souvent de position pour éviter les crampes.

Directement au coeur du sujet

Voici un résumé du discours du maître.

Certains d'entre vous se sont sentis irrités par la faveur que je viens de faire à notre visiteur étranger. Vous avez ici une belle occasion de sublimer un sentiment de jalousie malsaine en un désir du confort d'autrui.

Cet individu n'a aucune habitude de la position du lotus et n'aurait pu assister avec plaisir à notre activité car sa concentration aurait subi les influences de son inconfort physique. Vous recevez des enseignements métaphysiques et occultes qui vous permettent d'avancer sur la route du savoir. Ces connaissances vous demeureraient inutiles si vous ne les assortissiez pas de nobles sentiments. Je vous invite donc à cultiver un altruisme gratuit, exempt de toute trace de jalousie ou d'envie.

Prenons quelques instants et méditons sur ce but.

Il fit silence pendant environ dix minutes et les élèves ainsi que le maître fermèrent les yeux pour méditer. Je fis de même. Quand il reprit la parole, il enchaîna avec ce qui suit.

Vous devez toujours vous rappeler qu'il serait non souhaitable de demander à son corps des efforts dépassant ses forces. On avance beaucoup plus vite si on évite de se presser. On élimine ainsi des erreurs qui nous feraient faire du surplace. Forcer les événements ne pourrait mener qu'à une incontournable perte de contrôle. De plus, on a tendance à se fixer des objectifs irréalisables qui ne pourront se concrétiser dans la réalité, ce qui nous amène du découragement.

Pire encore, après quelques répétitions de ce manège, nous pourrions penser, le plus faussement du monde, que nos entreprises sont irréalisables. Vous vous rendez compte qu'une pareille attitude pourrait être dramatique. Nous cesserions nos efforts et nous échouerions par une simple erreur de jugement.

Alors que si nous avions pris *le* temps nécessaire, mesuré et rythmé notre travail, persévéré avec courage et candeur, nous n'aurions pu qu'atteindre le résultat attendu.

Évidemment, le but poursuivi doit faire l'objet d'une rigoureuse évaluation. Sommes-nous en train de s'attaquer à un éléphant blanc ou de déclarer la guerre à des moulins à vent ? La voie sur laquelle nous nous engageons mène-t-elle à une évolution, à un progrès ? Demeurons-nous à l'intérieur de nos possibilités de réalisations ? Si nous sommes en mesure de ne gravir qu'une colline, il serait présomptueux de vouloir escalader l'Everest.

L'ultime justice

Je vais vous entretenir aujourd'hui d'un sujet abordé avec seulement quelques-uns d'entre vous, soit les effets de nos attitudes spirituelles sur notre corps physique. Comme vous le savez, lorsque nous connaissons la mort, nous avons à nous réincarner pour connaître une nouvelle naissance dans un autre corps. Ce mécanisme n'est obligatoire que dans la mesure où nous demeurons ancrés dans l'imperfection. Laissons cette affirmation globale pour examiner la situation dans ses détails.

Les maladies physiques sont les conséquences de nos sentiments, nos pensées, nos actes et nos paroles. Nous ne subissons ainsi que les contrecoups de la loi de cause à effets. Nous récoltons ce que nous semons. Si nous faisons le bien, il en résultera des retombées positives; l'inverse, même si non souhaitable, est aussi vrai.

Mais attention, nos actes ne représentent qu'une partie de ce dont nous sommes responsables; en quelque sorte, la pointe de l'iceberg. Les conséquences les plus fréquentes de nos erreurs découleront le plus souvent de nos sentiments et de nos pensées. Ces derniers étant fréquemment invisibles à autrui, nous voguons dans la fallacieuse impression que nous n'avons pas à y répondre.

Peut-être est-il discutable que des pensées et des sentiments inexprimés pourraient avoir des impacts négatifs ou positifs sur notre prochain. Par contre, ils en ont indiscutablement sur nous. Qui pourrait affirmer ne pas ressentir de l'inconfort en nourrissant des sentiments de haine, de rancune ou de jalousie ? Qui prétendrait que des pensées de peur, de vengeance ou de destruction n'amènent aucune impression de malaise ?

De plus, les gens ressentent instinctivement ces états d'âme, ce qui résulte que malgré leur invisibilité, ils influent négativement sur notre environnement. En conclusion, nous sommes transparents face à la loi de séquence et de conséquences (cause à effets ou karma).

Impossible d'y échapper et il en est très bien ainsi. Ce concept reflète une justice immanente qui rassure les fervents d'égalité.

Pour les paroles et les actes, qui ne constituent que la manifestation extérieure de ce que l'on pense ou ressent, les effets de notre conduite sur notre prochain brillent d'une telle évidence que nous négligerons d'en discuter. Il apparaît par contre pertinent d'approfondir le facteur de rebondissement de nos sentiments et de nos pensées, envers la nature de nos paroles et de nos actes.

Comment pourrait-on émettre des paroles destructrices ou poser des actes malséants, si nos sentiments et nos pensées voguent dans la pureté. Si l'intérieur de l'être navigue dans des eaux calmes et saines, l'expression extérieure ne saurait que tendre à la créativité. Il en ressort l'aveuglante conclusion que, si nous ne travaillons qu'à améliorer nos paroles et nos actes, nous ne ferons que tourner lamentablement en rond si nous négligeons de purifier au préalable nos sentiments et nos pensées.

« Chassons le naturel et il reviendra au galop ». Cette phrase reflète pertinemment bien ce facteur de cause à effets. Chasser le naturel représente la tendance que pratiquent les gens à faire attention à ce qu'ils disent et font, sans effectuer de changements en profondeur. Le lendemain, ils se verront dans l'obligation de faire encore attention à ce qu'ils disent et font; le naturel reviendra au galop car les motivations intérieures restent inchangées.

En réalité, le naturel symbolise ce que nous sommes devenus avec le temps, par notre exposition à l'environnement social et familial. Notre tendance à vouloir réaliser nos désirs, plutôt que de répondre à nos besoins, tient aussi une place prépondérante dans notre devenir. L'être humain possède intrinsèquement la malencontreuse tendance à imiter l'eau qui, par sa nature, recherche le chemin le plus facile pour s'écouler vers la mer. Or, la voie de la facilité représente rarement le choix idéal pour les êtres que nous sommes.

Exprimons tous ces énoncés par des exemples. Nous avons tous vécu étant enfants, des situations comme celle-ci : « petit X, est-ce toi qui a cassé le précieux objet de maman (ou papa)» ? Et le petit X de répondre « bien sûr que non maman (ou papa)» ! Assez souvent, petit X est on ne peut plus responsable de l'incident. Il répond ainsi par le mensonge dans la peur de la punition qui pourrait suivre. Les parents auraient avantage à féliciter la franchise et à inciter leur progéniture à affronter les conséquences de leurs actes. Comme pour l'enfant qui choisit la voie facile du mensonge, les parents ont aussi tendance à suivre la voie facile en punissant plutôt qu'en conscientisant.

D'autres exemples : l'obèse tendra à manger ce qui est bon au goût (comme des sucreries), plutôt que ce qui est bon pour la santé (comme des fruits). L'alcoolique choisit la consommation d'alcool plutôt que la modération. L'infidèle cède à ses désirs passionnels, sans penser qu'il n'aimerait pas qu'on lui fasse la même chose; il pourrait vouloir dominer ses passions et privilégier conséquemment le bonheur d'autrui.

On préférerait être exempté des épreuves de la vie, plutôt que les affronter et récolter l'évolution qu'elles nous amèneront inévitablement.

Tous ces exemples convergent dans une même direction. Notre tendance à choisir la voie facile revêt davantage d'importance que l'influence de l'environnement pour l'orientation de notre devenir. Lorsque nous prenons conscience de cette réalité, nous n'avons d'autre choix que d'assumer la responsabilité de ce que nous deviendrons. Allons-nous prendre la voie facile et demeurer dans une éternelle stagnation ou prendre le taureau par les cornes et développer tout le potentiel qui dort tranquillement en nous ?

Prenons un temps d'arrêt et méditons sur ce concept.

Il y eut un autre silence qui dura pendant environ quinze minutes, et cette fois-là, ma méditation me conduisit à avoir des fourmis dans les jambes; je désirais foncer dans la vie plutôt que de laisser la vie me foncer dessus. Il me tardait de commencer les efforts qui me mèneraient à devenir un être dominant les événements plutôt que soumis aux aléas de la vie et de la société. La vérité m'explosait au visage. Cette révélation confirmait notre liberté totale; nous pouvons choisir une direction évolutionniste, quelle qu'elle soit, et persévérer joyeusement dans cette voie pour arriver inéluctablement à la victoire.

Existe-t-il un trésor plus grandiose que celui de la liberté ? Cette dernière réside en nous plutôt que dans un billet gagnant à la loterie. Car dans cette éventualité, nous deviendrions libres d'acheter mais non de nos contraintes émotionnelles. La voie au bonheur s'ouvre à chacun de nous, pour peu que nous soyons prêts à fournir les efforts nécessaires pour nous y engager, et ensuite y demeurer.

La mesure assure des progrès constants

Le maître reprit la parole.

Comment se fait-il que peu de gens atteignent cet objectif de devenir ce qu'ils ont choisi d'être ? Tout le monde veut obtenir la réalisation de ses efforts dans l'immédiat, sans y mettre *le* temps. La majorité désire aussi le meilleur des deux mondes. On aspire à goûter aux plaisirs de la facilité tout en bénéficiant des avantages que des efforts nous accorderaient. On ne peut à la fois paresser et progresser. L'évolution résulte d'un travail constant. On peut cependant travailler dans la joie et la bonne humeur. L'obèse devra choisir entre l'obésité et le contrôle de soi. L'alcoolique devra choisir entre l'alcool et le plaisir de goûter à la vie.

Quand cette décision est prise, c'est-à-dire celle de vivre sa vie plutôt que laisser la vie nous glisser entre les doigts, sachons que le lieu pour débuter nos efforts est *ici* et que le temps est *maintenant*.

Une telle entreprise ne saurait tolérer de retard de démarrage car une telle attitude conduirait à de continuels reports. Mais attention, commencer maintenant ne doit, en aucune façon, se confondre avec de la précipitation. L'ouvrier consciencieux fournira un effort régulier et travaillera toute la journée, toute la semaine et toute l'année. L'étourdi foncera à plein régime dans les premières heures ou les premières journées et devra s'arrêter en cours d'exécution, manquant de souffle en raison d'une insuffisance dans la mesure du rythme à adopter.

Nous devons fournir des efforts réguliers et continuels, évitant les accélérations excessives qui ne pourraient que nous faire rater une courbe ou heurter quelques récifs qu'une vitesse inconsidérée nous empêcherait de voir et de contourner. Rapidité et efficacité ne peuvent que rarement cohabiter.

Accepter cette réalité revêt une importance primordiale dans le cheminement spirituel. Ce dernier ne contient aucune difficulté insurmontable, chacune des étapes à franchir étant même relativement facile. Il faut les franchir une à la fois, cultivant sa patience par la même occasion en se refusant systématiquement de sauter ou de négliger quelque détail que ce soit. Agir autrement mènerait à des résultats partiels, voire même à un échec.

Bref, l'éventualité d'un échec ou d'une réussite réside en nous-mêmes, dans notre persévérance et notre acharnement à agir sans brusquer les choses, étant conscients que la seule vitesse de croisière acceptable est celle où nous nous sentons à l'aise et performants. Aller plus vite serait aller trop vite et nous ralentirait.

Prenons quelques minutes dès maintenant pour méditer et réaliser que la vitesse optimum doit être différenciée de la vitesse maximum, cette dernière nous induirait vers des accidents de parcours parfois irrémédiables.

Je pris conscience que je devrais dompter mon impulsivité car, ma tendance à entreprendre plein de projets simultanés m'avait souvent conduit à n'en réaliser que très peu. Je décidai qu'à l'avenir je ne m'attaquerais qu'à un seul objectif à la fois. Le premier allait être de ralentir mes ardeurs et de me concentrer sur le choix de la prochaine étape à franchir et de m'en tenir à celle-ci.

Chapitre 26, Reculer pour mieux sauter

Une rétro réflexion

Au cours de cette période de méditation, je revins sur l'épisode de ma rencontre avec le tigre et de ma nuit passée dans la grotte. Remettre ma vie entre les mains de Dieu m'avait permis de survivre au fauve et m'avait rendu suffisamment libre pour dormir seul en montagne sans défense artificielle.

Suite à mon voyage dans l'autobus, où je pris froid, je me retrouvai avec une fièvre majeure qui me garda cloué au lit pendant deux jours. Pourquoi ne pas avoir à ce moment-là sollicité le même pouvoir, afin d'être en mesure de dominer cette conjoncture ? Ancré dans mes anciennes habitudes et faiblesses, je continuais à m'appuyer sur mes propres capacités.

Il se présentait deux alternatives. Plonger dans l'abandon de moi-même et remettre entièrement mon sort à l'Intelligence Universelle (Dieu), ou marcher sur la route de l'évolution pour atteindre le même but mais, avec la lenteur inhérente à l'être humain.

Je me sentais incapable de choisir et de vivre la première alternative. Il était au-dessus de mes forces d'altérer mon pouvoir décisionnel et de tourner le dos aux plaisirs des sens. Même si je savais pertinemment que les splendeurs de l'autre monde dépassaient largement ce que j'hésitais à abandonner, le choix, pourtant évident à faire, m'échappait.

J'en fus quitte pour accepter de végéter pendant des années sur les sentiers menant à une évolution lente et ardue. Je n'avais personne d'autre à blâmer que moi-même. Je me heurtais à deux obstacles majeurs : mon manque de courage et de lâcher prise.

Quand on a pris conscience de nos limites, il ne reste qu'à les accepter et vivre dans la bonne humeur jusqu'à ce que nous soyons en mesure de les dépasser. Je pris résolument la direction de l'avenir. Je marcherais longtemps, autant le faire dans la joie. Peut-être, en cours de route, trouverais-je la détermination nécessaire à franchir le pont entre les restrictions et l'illimité. Vive la vie et au diable la tristesse. Fonçons joyeusement dans la lenteur.

Enlevons la destruction, il ne reste que la création

Le maître reprit la parole.

Tous les sentiments négatifs ont des effets destructeurs sur le bonheur mais aussi sur le corps. La haine et la rancune conduiront, par exemple, à des maladies autodestructrices comme le cancer. L'insécurité financière amènera des maux de dos. Le surmenage causera la grippe. Les peurs se cristalliseront en insomnie, indigestions et ulcères. Encore là, ce n'est que justice. Nous ne pourrions être récompensés si nous alimentons de telles attitudes.

Contrairement à la croyance populaire, le corps humain ne contient strictement rien en lui-même qui doive le ramener à la poussière. C'est celui qui l'habite qui détruit ou construit son corps. Quand l'homme accepte de vivre imparfaitement, son enveloppe physique se dirige irrémédiablement vers la désagrégation, à une vitesse qui varie selon le degré d'imperfection. Comme la très grande majorité se contente de vivre ainsi, sauf de très rares exceptions, à peu près tout le monde connaît la mort.

Des êtres rarissimes comme Jésus, Bouddha et Osiris ont su accepter les possibilités de la Divine perfection. Ils ont rejeté les limites humaines qui ne représentent qu'un manteau et ont pu vaincre le dernier ennemi du fils de l'homme (ou être humain), la mort. Ils ont compris que vivre selon des sentiments d'amour, de justice et d'altruisme, leur accorderait le droit d'accès aux Divins attributs. Il fallait pour cela refuser d'adhérer aux croyances généralement reconnues et qu'ils vivent selon ce que leur dictait leur voix intérieure.

Ils ont appliqué, dans la réalité de tous les jours, des concepts tels que tendre la joue droite à celui qui vous frappe sur la joue gauche, faire à son prochain ce que nous aimerions qui nous soit fait, pardonne et tu seras pardonné, réponds à l'injustice par la justice, récompense le mensonge par la vérité et ainsi de suite.

Ils ont développé leurs sentiments d'amour à un tel degré et à de telles intensités qu'ils vibraient à la Divine fréquence. De pareilles effluves d'amour vous permettent de diriger votre volonté dans une direction précise et de canaliser le Divin pouvoir pour la réalisation d'un but physique. Les gens de leur époque respective ont donné l'appellation de miracles aux différentes applications de ce phénomène.

Mais, en réalité, il n'y avait strictement rien de miraculeux dans ces actes. Ils ont simplement utilisé les mêmes forces qui régissent l'Univers, qui permettent au soleil de diffuser l'énergie nécessaire pour que la terre produise de la chaleur et de la lumière. Ils collaboraient avec la même puissance qui coordonne le mouvement des milliards d'étoiles du cosmos et des planètes qui gravitent autour d'elles comme pour notre soleil.

Quand Jésus a permis aux aveugles de recouvrer la vue, multiplié les pains et ressuscité Lazarre, il a laissé s'écouler à travers lui les Divines forces, pour qu'elles accomplissent le désir parfait du fils de Dieu. Mais, au contraire de ce qu'affirment les dogmes, et en harmonie avec les affirmations de Jésus lui-même, ce dernier est fils de Dieu au même titre que nous tous, enfants du Créateur. Seul Dieu est unique et nous avons été créés à son image par la possession de ses attributs, à la seule condition de vivre en conformité avec les lois entourant la cohésion de l'Univers.

Ces lois ont déjà été citées à plusieurs reprises, mais les revoici tout de même. Aime ton prochain comme toi-même et fais à ton prochain ce que tu aimerais qu'il te soit fait. Ce simple précepte contient tous les autres. Car en ressentant l'amour du prochain, on ne pourrait que souhaiter pour lui ce que nous souhaiterions pour nous-mêmes. Par conséquent, nous n'avons d'autres efforts à accomplir que celui d'aimer. Tout le reste viendra par surcroît.

Des êtres ayant une ouverture au pouvoir de ressusciter autrui ou eux-mêmes ont naturellement accès à la vie éternelle et n'ont plus à connaître la mort. Leurs corps se renouvellent continuellement par le Divin pouvoir créateur. Ils nourrissent leurs sentiments d'amour en toutes circonstances et entretiennent ainsi le lien avec les Divins attributs, qui sont du domaine de l'illimité.

Une loi parfois drastique mais juste

Un chéla intervint et interrogea le maître sur les morts d'enfants en bas âge. N'y avait-il pas une contradiction avec l'égalité entre tous ?

Le maître répondit qu'en apparence oui, mais qu'en réalité non. En apparence oui, parce que cet être semble ne pas avoir eu l'opportunité de développer ses capacités ou de choisir la voie de l'évolution quand il aurait atteint l'âge de raison. En réalité non, parce que tout être doit être confronté avec ses actes. Si l'occasion idéale n'a pu se présenter dans la vie où il a commis l'erreur qui a justifié cette incitation à la prise de conscience qu'initiera cette mort en bas âge, alors les principes d'égalité et de justice qui régissent l'univers exigent que cet être soit placé face aux conséquences de ses propres oeuvres.

On pourrait se demander comment un tout jeune enfant pourrait prendre conscience de telles réalités. La réponse réside dans le fait que le cerveau d'un enfant ne peut saisir ces subtilités mais il en est tout autrement de son âme. Au retour dans l'au-delà, l'être de la forme ou l'âme de cet enfant brillera de compréhension et il réalisera cette leçon de comportement; il franchira ainsi un pas de plus sur la route de l'évolution.

On pourrait aussi se demander quel acte peut justifier une telle « punition ». J'ai utilisé ce mot à dessein, pour avoir l'opportunité d'expliquer que son emploi constitue une erreur d'importance. L'Univers n'est nullement générateur de punitions, il incite les êtres à cheminer sur la voie de l'évolution. Si on évite la route de la sagesse, on nous y ramènera d'une manière ou d'une autre.

Revenons sur les motifs possibles justifiant une mort en bas âge. On pourrait, par exemple dans une vie antérieure, avoir causé la mort d'un enfant. Il est également possible que des parents aient perdu un enfant par notre responsabilité. En tant que parents nous aussi, peut-être avons-nous fait souffrir nos propres enfants. Vous constatez que les raisons possibles pullulent. Chose certaine, l'Univers régit les événements sous son contrôle avec une rigueur où l'on considère le plus petit détail.

Ce qui vient d'être expliqué prévaut aussi pour les maladies de naissance, pour les infirmités, les handicaps, les « accidents », le fait d'être né dans un pays sous-développé où la faim nous attend dès notre venue au monde. Ce qui a pu justifier chacune des éventualités précédentes varie selon la nature de ce qui nous est infligé. Rien n'arrive pour rien. Malgré tout cela, l'homme possède son libre arbitre. Il a toujours la liberté de choisir entre la voie de la sagesse et celle de la souffrance.

Un autre chéla demanda si avoir à subir l'effet de ses erreurs passées ne brimait pas quelque peu notre liberté. Nous ne choisissons pas de subir ces prises de conscience et elles influencent notre vie à différents niveaux, sans que nous soyons consultés le moins du monde. Nous sommes emprisonnés dans un entonnoir et ne possédons d'autre choix que celui de subir ces souffrances, si possible avec philosophie afin d'atténuer notre condition.

Le maître répondit que nous ne choisissons pas cet événement karmique maintenant. Nous avons évité la voie de la sagesse dans un passé plus ou moins lointain, pouvant même remonter à une vie antérieure et c'est à ce moment que nous avons choisi la voie de la souffrance. Sans cela, on pourrait commettre impunément les pires atrocités et continuer ainsi éternellement sans pour autant recevoir la conséquence de nos gestes.

Nous sommes libres de profiter de la vie, de goûter à tout ce qui a été mis à notre disposition par le Créateur, d'évoluer dans la direction de notre choix et de progresser à la vitesse correspondant à notre rythme. Nous n'avons qu'une seule restriction à respecter : nous ne pouvons impunément faire ou causer du mal à autrui. Cette dernière contrainte, examinée en profondeur, n'en est toujours pas une car, inciter les êtres à faire le bien nous assure, qu'un jour ou l'autre, nous n'aurons plus à subir les conséquences des erreurs d'autrui.

S'il en est ainsi et que nous ne méritons pas la souffrance causée par autrui, nous recevons davantage de privilèges pour compenser l'injustice dont nous sommes victimes. Par exemple, on pourrait avoir la « chance » de gagner à la loterie. Il pourrait se produire un « miracle » et nous serions inexplicablement guéris d'une maladie incurable. Nous pourrions aussi être « chanceux » dans la vie de tous les jours, les obstacles s'effaçant eux-mêmes de notre passage. Rien n'arrive pour rien.

Loi de grâce

Quelqu'un demanda s'il y avait une voie d'évitement au karma. Pouvait-on échapper au joug de l'Univers ?

Oui, on peut mettre fin au karma. Mais je me permettrai d'ajouter, avant d'expliquer comment on peut le faire, qu'il ne s'agit pas d'une voie d'évitement. On se sert tout simplement du mécanisme de la loi de cause à effets ou du karma, pour y mettre un terme. On périra par la loi ou on vivra par la loi.

Nous demandons à l'Univers d'oublier nos erreurs passées ou, autrement exprimé, nous Lui demandons de nous pardonner nos fautes. Pour obtenir cet *effet*, il s'agit d'en générer la *cause*. Pardonne et tu seras pardonné. Pardonne à tous ceux qui t'ont fait du mal. Pardonne à tous ceux qui font du mal à autrui. Aime d'amour celui qui t'a frappé de ses erreurs. Fais-le par amour pour ton prochain plutôt que par désir de fuir les effets de la loi. Choisis la voie de la création plutôt que celle de la destruction.

Demande humblement l'appui du plus sage que toi dans la réalisation de cet idéal.

Notre Père qui est aux cieux
Que ton nom soit sanctifié
Que ta volonté soit faite
Sur la terre comme au ciel
Donne-nous aujourd'hui
Notre pain de ce jour
Pardonne-nous nos offenses
Comme nous pardonnons
À ceux qui nous ont offensés
Et délivre-nous du mal
Car c'est à toi qu'appartiennent
Le règne, la puissance et la gloire

Comme vous pouvez le constater, ce qui était vrai hier est encore vrai aujourd'hui. Cette vérité est universelle. Il n'y que la « vérité » émise par les hommes qui change. On devrait alors lui donner le nom de dogme plutôt que celui de vérité.

Dieu, de par sa nature de parfait Créateur, sème continuellement des effluves de pardon. Quelle que soit la faute commise par l'un de ses enfants, il la considère comme une erreur de parcours. Il *sait* que la seule issue possible pour chacun, se dirige inexorablement vers l'élimination des faux pas, pour se transformer en un continuel mouvement créatif d'amour, par conséquent de vie et d'abondance.

Ouvrez vos coeurs à adopter une telle attitude et vous capterez immédiatement les vibrations Divines de parfait pardon. Il va de soi qu'au début, vos pensées personnelles génèreront de l'interférence et vous ne ressentirez que des éclairs ou des « flash » de pensées Divines de pardon. Mais, si vous persévérez, les éclairs seront de plus en plus fréquents et d'une durée de plus en plus prolongée. À la fin, vous serez pardon et miséricorde; par relation de cause à effets, votre karma sera chose du passé.

Méditons sur les mécanismes de la loi de grâce. Je vous invite, lorsque vous entrerez en état méditatif, à débuter par la citation du Notre Père. Vous constaterez des effets étonnants pour peu que vous fassiez un effort pour bien ressentir les paroles.

Une porte s'ouvre, franchissons-la

Je suivis les instructions du maître. Des frissons incroyables me traversèrent, je me sentais relié à la Divine puissance. J'avais envie de rire et de pleurer de joie. Tout était possible, l'Absolu devenait accessible.

Pour ceux ayant déjà pratiqué la méditation, ils n'ont qu'à exercer ce qui précède pour obtenir les mêmes résultats.

Pour les autres, vous n'avez qu'à vous isoler dans une pièce silencieuse. Préférablement avant d'avoir mangé, couchez-vous sur le dos en libérant bien les voies respiratoires. Assurez-vous que votre corps soit confortable, recouvrez-vous d'une couverture qui vous gardera au chaud, mais sans plus. Pratiquez une respiration un peu exagérée, inspirez lentement et plus profondément qu'à l'habitude en visualisant l'Énergie Divine pénétrant vos poumons; tentez d'expirer tout l'air qui aura été absorbé. Concentrez-vous sur votre respiration pour faire taire vos propres pensées. Quand vous ressentirez un léger engourdissement dans les mains et/ou les pieds, récitez en pensée le Notre Père. Tentez d'en ressentir les paroles, les effets en seront multipliés.

Impossible de décrire exactement ce que vous vivrez par cette tentative, car chacun vibrera à son propre rythme et connaîtra une expérience personnelle. Cependant, si vous suivez ces instructions à la lettre, vous pouvez jouir d'une totale certitude que de nouvelles portes vous seront dorénavant accessibles. Vous vous devez d'en faire l'essai. Faites-le dans le secret au début, laissez-vous libres d'en partager les effets si le coeur vous en dit par la suite.

Livrez-vous à cet exercice pendant des périodes n'excédant pas trente minutes, au maximum trois fois par jour et préférablement deux. Il n'est aucunement question de danger, mais plutôt d'efficacité dans le processus. Si vous persévérez dans cette pratique, vous aurez accès aux mêmes sources d'informations que celles mentionnées dans ce livre.

Vive l'autonomie, la liberté, l'amour, le pardon, l'altruisme, l'humour et, par rebondissement, la joie de l'âme.

Chapitre 27, Vers le retour

Usons et abusons de ce pont

Le maître reprit à nouveau la parole.

Jusqu'à ce jour, vous (les chélas) avez utilisé la méditation dans un but de sérénité, de découvertes et de contemplation. Vous avez fait connaissance avec l'être qui vous était le plus inconnu, vous-même.

Ce que vous venez d'expérimenter à l'instant vous ouvre d'autres horizons. Vous pouvez aussi utiliser ces techniques pour orienter votre âme dans la voie que vous choisirez. Comme vous le savez, l'état méditatif facilite grandement la communication entre votre pensée et vos sentiments ainsi qu'entre votre pensée et votre être, soit votre dimension Divine. On appelle aussi cette dernière voix intérieure ou le Père en nous.

Lorsque nous sommes en méditation, si nous maintenons nos pensées dans une direction, soit par une phrase répétée continuellement (mantra), soit par l'action de notre volonté de gérer notre pensée, de manière à la ramener constamment sur le chemin par nous tracé, nos sentiments s'accorderont alors avec notre pensée.

Nous reconnaissons tous qu'en situation normale, nos sentiments, expressions de l'âme, influent sans cesse sur nos pensées. Ces dernières sont fugitives et très variables, elles louvoient à gauche et à droite. Par contre, les sentiments ou les émotions sont de nature beaucoup plus permanente. Ils siègent dans l'âme et y demeurent, souvent depuis des siècles. Pour les réorienter, il faut y mettre le temps et les efforts, car ils se caractérisent par une résistance au changement plutôt enracinée.

Il arrive souvent que nous nous disions : j'aimerais être autrement ou je préférerais penser différemment. Ce facteur reflète l'influence de nos sentiments sur notre pensée. On se dit que c'est plus fort que nous. À court terme, il en est ainsi. Mais, à long terme, c'est faux. Une des principales raisons de notre incarnation dans un corps humain se situe justement dans le facteur que par l'influence de notre conscience cérébrale ou physique, nous pouvons diriger notre pensée de telle façon que nous avons la faculté de mettre notre âme sur la voie de l'évolution.

Non seulement pouvons-nous entreprendre un progrès réel, mais, loisir nous est donné de choisir un caractère précis de la gamme de nos sentiments et de le modeler selon notre bon gré. Pour réussir, choisissons simplement une de nos émotions que nous souhaiterions sincèrement améliorer. Employons les moyens précédemment décrits et persévérons jusqu'au seul aboutissement acceptable, la réussite.

Travaillons également à construire plutôt qu'à détruire. Déployons nos forces à développer notre amour plutôt qu'à étouffer notre haine. Nourrissons notre pardon plutôt que de lutter contre notre rancune. Cultivons l'humour plutôt que de tenter de déraciner la morosité. En pratiquant l'amour, le pardon et l'humour sur une base continuelle, il subsistera bien peu de place dans notre vie pour la haine, la rancune et la morosité. Ces dernières s'éteindront d'elles-mêmes, faute d'oxygène, car elles n'ont d'autre énergie que celle que nous leur donnons.

Les qualités se nourrissent d'un combustible se régénérant de lui-même. Vivre dans l'harmonie nous incite à en créer davantage. Les défauts ont fort heureusement la caractéristique d'autodestruction. Ils nous fatiguent et dérangent notre environnement et, de façon incontournable à plus ou moins long terme, nous ressentons l'irrésistible désir de passer à autre chose de plus vivifiant.

Les moments de méditation représentent un loisir pour la plupart des gens qui la pratiquent. N'est-il pas merveilleux de savoir que nous pouvons travailler à nous améliorer tout en éprouvant d'agréables sensations ?

Prenons quelques instants pour méditer sur cette magnifique réalité.

La conclusion du maître

Le maître reprit la parole pour la dernière fois.

Pour résumer ce dont nous avons discouru aujourd'hui, nous serons tenus responsables de nos sentiments, nos pensées, nos paroles et nos actes. Nous en récolterons les conséquences, qu'ils soient créateurs ou destructeurs. La nature de nos manifestations influera sur la santé de notre corps, dans un sens ou dans l'autre.

Nous pouvons améliorer notre être à volonté mais, pour réussir, il faut y mettre *le* temps et de la *mesure* dans nos efforts. Avant d'apprendre à courir, il faut savoir marcher.

En vivant dans l'amour aux plus hauts degrés, on peut vibrer à la Divine fréquence, bénéficier des pouvoirs de Dieu et même vaincre la mort comme l'a fait Jésus; tous les enfants du Créateur peuvent y arriver, car nous sommes créés à son image au point de vue de ses attributs.

Plutôt que de subir tous les effets des erreurs que nous avons commises dans le passé, nous pouvons entrer dans la loi de grâce qui consiste à pardonner tous les manquements de notre prochain. Nous pouvons même bénéficier de l'aide Divine par la prière.

Si nous ressentons le désir sincère de progresser significativement, nous pouvons utiliser la méditation comme pont entre notre pensée et notre âme, pour orienter nos émotions dans la voie de l'évolution. Nos efforts doivent viser à développer nos qualités plutôt qu'à détruire nos défauts.

Voyez mes chers amis (les chélas) que la voie nous est ouverte. Nous n'avons qu'à nous y engager et persévérer pour réussir. De plus, vous cheminerez avec la joie pour compagne car, chaque étape franchie sur la route de la réussite amène un vaste sentiment de joyeuse sérénité. Croire pour entreprendre, persévérer pour réussir.

Là-dessus, bon courage dans vos décisions et bonne fin de journée.

Suite à ces paroles, le maître se leva et quitta les lieux. Les chélas se levèrent aussi et entreprirent une discussion à bâtons rompus entre eux. Je me joignis à un petit groupe. Ils mentionnèrent que la conférence de ce jour sortait plutôt de l'ordinaire. Les sujets habituels tournaient autour de la contemplation, des différentes techniques de méditation, des chemins pour se découvrir soi-même. Ils avaient trouvé intéressantes les subtilités entourant l'amour, le pardon, le karma et le reste. Ils étaient cependant étonnés des mentions à une possible vie éternelle. Ils se demandaient si, dans le futur, le maître allait adopter les thèmes de Dieu et des différentes religions.

Je me tus sur ces commentaires, fis mes adieux à la ronde et pris congé de l'assemblée.

Mes conclusions personnelles

Je ne pus faire autrement que remarquer la similitude de compréhension avec ce que j'avais moi aussi retiré de la religion avant mes visions de l'au-delà et mes longues conversations avec « mes voix ». Je croyais que la pratique religieuse impliquait une prosternation devant Dieu, Jésus, Marie et tous les saints. La bible avait autrefois pour moi la dimension d'un livre sacré, à ne pas prendre à la légère et qui pouvait même représenter certains dangers en cas de manque de respect.

Je voyais maintenant Dieu comme un être sans limites duquel je faisais partie, d'où je venais et qui constituait la substance de chacune de mes cellules et de mon intelligence. Il m'apparaissait veillant sur moi, tentant de me protéger contre ma propre tendance à dévier du droit chemin. Il ne me demandait aucunement de me prosterner devant lui mais plutôt de cheminer avec lui, dans le respect de ses autres enfants, avec de grands éclats de joie et une immense sérénité.

Jésus ressortait en tant que grand frère ayant réussi à franchir les portes de la Divinité, étant disponible à indiquer le sentier le plus direct vers la libération des limites dans la direction de l'Infini et de l'Absolu. Il en allait de même de Marie et de tous les autres ayant traversé le seuil de l'état paradisiaque de la Divine liberté et qui se déclaraient disponibles à aider quiconque en manifestait le sincère désir.

La bible n'était qu'un canal pour diffuser des informations aidant à comprendre la dimension Divine. Il fallait savoir la lire avec discernement car certains passages avaient été enlevés et d'autres modifiés par les hommes dans la première partie du premier millénaire de notre ère (après Jésus-Christ).

On reprend la route

Je revins à l'hôtel et je m'étendis pour faire une sieste. Je m'éveillai vers 16:00 heures et allai m'informer à la réception de l'heure du prochain autobus pour New Delhi. Le réceptionniste me répondit qu'il se renseignerait auprès de la compagnie d'autobus et qu'il m'en informerait aussitôt que possible.

À 16:55 heures, on frappa précipitamment à la porte. C'était le réceptionniste qui trépignait d'impatience car l'autobus passerait devant l'hôtel à 17 :00 heures. Je jetai pêle-mêle ce qui me servait de vêtements dans ma valise et suivis « mon hystérique messager » jusqu'à l'extérieur. Le bus était en vue, nous lui fîmes signe, il s'arrêta et je montai à bord.

Je fus accueilli par une multitude de regards hostiles. De plus, l'autobus était plein à craquer et je dus rester debout sur les marches menant à l'intérieur, car il y avait des passagers dans le couloir de l'arrière à l'avant. J'avais à peine la place nécessaire pour respirer.

Nous parcourûmes ainsi plusieurs centaines de kilomètres avant de nous arrêter vers 23:30 heures pour une pause repas. Mon corps était douloureux de la pointe des pieds à la racine des cheveux. Imaginez, demeurer debout dans un véhicule cahotant, un pied sur la marche du bas et l'autre sur la marche du haut, une valise dans une main, pendant six heures trente minutes. La mort semble plus douce lorsque comparée à une pareille torture.

Je marchai un peu pour me dégourdir et je captai des bribes de conversation qui me firent penser que la route était bloquée, à environ cent kilomètres de l'endroit où nous nous trouvions. Après 45 minutes d'arrêt, le chauffeur appela les passagers; nous voilà repartis. Dans le branle-bas du rechargement du bus, je pus bénéficier d'une place debout avec les pieds droit et gauche situés à la même hauteur, car j'étais dans le corridor au lieu de l'escalier. Un luxe à ne pas négliger.

J'allais devoir compenser ce privilège par un autre inconfort. J'étais maintenant à la vue de l'ensemble des passagers. Parmi ceux qui étaient assis près de moi, il y en avait un qui parlait anglais. Il me demanda si j'étais anglais (britannique). Avec le regard qu'il me lançait en me posant cette question, je me félicitais de pouvoir répondre non en toute franchise et que j'étais canadien. On se rappellera que les anglais ont rudoyé ce peuple pendant des décennies, avant sa libération de l'empire britannique en 1947.

De plus, comme je l'appris plus tard, dans la région que je traversais, les anglais avaient purement et simplement assassiné plus de 1 500 indiens dont le seul crime consistait à s'être réunis pour clamer leur désir d'indépendance d'une nation qui les opprimait. On comprendra que tout individu à saveur britannique n'était pas le bienvenu. Je constatai que mon soulagement à être canadien était on ne peut plus prématuré. Celui qui s'exprimait en anglais traduisit ma réponse à la ronde et on se mit à clamer : « this is an indian bus, canadian go home » (ceci est un autobus indien, canadien retourne chez toi).

La situation prenait une tournure plutôt alarmante. Il était plus de minuit. Ils étaient plus de cinquante autochtones dans l'autobus. J'étais seul de ma race, et encore plus de ma nationalité, au milieu de ce groupe des plus hostiles. Je ne répondis d'aucune espèce de façon à leur provocation, pas un clignement d'oeil, nul signe d'impatience ou de peur. J'essayais de pratiquer ce que l'on appelle en anglais un « poker face »; que l'on excuse le terme anglais, la traduction la plus juste serait peut-être de conserver un visage stoïque, ce qui n'exprimerait pas exactement ce que je tentais de réussir.

Ceux qui ne parlaient pas anglais avaient appris le « this is an indian bus, canadian go home » et l'ensemble des passagers criaient maintenant cette haine contre l'envahisseur étranger. Même s'il faisait un froid de canard avec une température extérieure avoisinant le degré de congélation et, comme d'habitude, pas de chauffage dans l'autobus, j'avais plutôt chaud.

Ils semblaient faire des plaisanteries douteuses à mon égard car ils se parlaient dans leur langue et éclataient de rire en me regardant. Et, ils reprenaient de plus belle leurs clameurs de slogan anti-canadien. Il en fut ainsi jusqu'à 2:00 heures du matin. L'autobus dut s'arrêter auprès d'une multitude d'autres véhicules car la route était coupée sur une distance d'environ 300 mètres. Mes « amis » les autres passagers et moi-même en étions à devoir réunir nos bagages, renoncer au transport en autobus et compter poursuivre notre route d'une autre manière. Perspective alléchante s'il en fut, sur une route de montagne et en pleine nuit.

Une rencontre à la James Bond

En descendant du bus, je vis un homme de race blanche vers qui je me dirigeai immédiatement. C'était un allemand qui parlait un peu anglais. Il m'apprit qu'il avait beaucoup plu au cours des derniers jours et que des éboulis avaient emporté la route. À la place du pavé, un gouffre au flanc de la montagne. Même s'il faisait un clair de lune magnifique, nous ne pouvions que contempler un vide sans fond qui pouvait facilement atteindre un millier de mètres de profondeur.

J'en sus davantage sur mon « allemand ». Il se « déclarait » représentant en équipements de ski, arrivant de la Chine pour un voyage de représentation auprès de grossistes. Son histoire ne tenait carrément pas debout. Habillé comme un paysan, avec un bagage de fortune, une barbe d'une semaine, sur une route de montagne uniquement fréquentée par les habitants locaux.

À plusieurs reprises durant le trajet, j'avais pu observer la croix gammée du troisième reich allemand peinturée sur certaines habitations. Je savais aussi que les espions internationaux utilisaient ces artères peu fréquentées pour leurs déplacements entre pays étrangers. Ces deux éventualités me semblaient plus réalistes que son explication tirée par les cheveux. Son allure de brigand complétait un tableau déjà bien amorcé. De plus, j'avais remarqué une bosse plutôt louche sous l'aisselle qui pouvait fort bien être causée par une arme (je pus constater plus tard que c'était bien le cas).

Nous entrâmes dans les confidences. Je lui racontai les cris de provocation dans l'autobus. Il m'expliqua qu'il n'en était pas à sa première escapade dans ces montagnes et que les vols de voyageurs étaient matière courante. Nous conclûmes qu'aussi longtemps que nous serions en présence de la foule se tenant aux abords de la route effondrée, nous ne courions aucun danger. Mais l'un comme l'autre, si nous tenions à nous rendre à New Dehli, nous n'avions qu'une alternative : marcher à travers la montagne, en pleine nuit, au milieu de gens voulant notre bien et espérant bien l'obtenir.

Nous décidâmes de rester réunis car, ensemble, nous pourrions faire corps pour affronter l'adversité. Nous décidâmes finalement qu'il était préférable de quitter ce rassemblement en passant les plus inaperçus possibles. Nous attendîmes le moment opportun et quittâmes les lieux en tentant de demeurer invisibles.

Nous prîmes tous deux la tangente vers la forêt bordant la route et commençâmes à décrire un cercle dans le but de rejoindre la voie habituelle à quelque distance de notre point de départ. Nous nous engageâmes ainsi dans la nuit la plus extravagante que j'eusse pu imaginer vivre.

Chapitre 28, Et vogue la galère

Nous sommes suivis

Marcher à travers la forêt avec l'objectif de revenir sur la route ultérieurement se révéla beaucoup plus facile à dire qu'à faire. Nous devions monter sur le flanc de la montagne et les pluies avaient rendu le sol très glissant. Nous sommes tombés à plusieurs reprises chacun à notre tour. Nos vêtements sont vite devenus trempés et couverts de boue. Nous dérangions la faune nocturne, car nous entendîmes le cri des singes que nous sortions de leur sommeil avec tout le bruit que nous faisions.

Et tout ce mal pour rien ! Nous avons vite découvert que nous étions suivis par au moins une vingtaine d'individus qui faisaient une battue en vue de nous retrouver. Ils s'interpellaient entre eux et le son de leurs voix nous indiquait si nous gagnions du terrain ou s'ils se rapprochaient. Dans ces conditions, il devenait hors de question de revenir sur la route avec laquelle nous tentions de demeurer en contact visuel pour éviter de nous perdre.

Agir ainsi avait l'inconvénient de faciliter grandement la tâche de nos poursuivants. Entre la certitude d'être attaqués par ces derniers s'ils nous rattrapaient et l'incertitude de pouvoir retrouver notre chemin si nous pénétrions davantage dans la forêt, nous fûmes tous deux unanimes à choisir la protection des arbres et nous prîmes résolument la direction perpendiculaire à la route.

Nous grimpions directement dans la montagne. Nous mîmes rapidement de la distance entre nous et les prédateurs humains. Quand nous ne les entendîmes plus, nous prîmes quelque repos car l'épuisante escalade avait drainé nos énergies. La réalité dépassa soudainement la fiction. Mon « allemand » se fit mordre sur un mollet par un serpent.

Il n'y avait pas d'alternative, je pris mon couteau pour entailler la plaie, suçai et crachai le venin à plusieurs reprises, comme je l'avais vu faire dans les films de John Wayne. Mais il fallait désinfecter le tout. Je réussis à trouver des feuilles sèches et quelques brindilles pour faire du feu. C'était le seul moyen à ma disposition pour désinfecter efficacement. Je fis chauffer mon couteau directement dans la flamme jusqu'à ce que la lame devienne rouge et l'appliquai sur la plaie.

Pendant tout ce temps, mon ami allemand ne se plaignait aucunement, à peine s'il faisait quelques grimaces. Dans les mouvements de contorsions qu'il dut faire pour que je le soigne, son manteau s'ouvrit et je pus voir un pistolet sous son aisselle. Cette découverte eut deux effets contradictoires : de l'inquiétude, car il aurait pu le retourner contre moi pour diverses raisons et un sentiment de sécurité car nous pourrions mieux nous défendre si nos poursuivants nous rejoignaient.

C'était un homme près de la cinquantaine, courtaud avec de larges épaules. Il s'essoufflait peu dans l'ascension alors que moi, beaucoup plus jeune, j'avais peine à respirer surtout à ces hautes altitudes où l'oxygène est raréfié. Il avait un regard perçant et inquisiteur, des traits accusés et plus nous faisions connaissance, plus il se détendait à mon égard. Je lui avais parlé de ma quête spirituelle et il commençait manifestement à me trouver sympathique.

Un rodéo dans la montagne

Ce qui devait arriver arriva. La lumière des flammes avait dévoilé notre présence à nos agresseurs et nous entendîmes à nouveau leurs voix. Nous levâmes le camp en vitesse. La blessure de mon compagnon allait compliquer les choses. Il était affaibli et avait du mal à marcher, son mollet était enflé suite à la brûlure de mon couteau. Il devait s'appuyer sur moi dans les passages difficiles, ce qui était pratiquement toujours le cas sur ce flanc de montagne escarpé.

Une autre préoccupation commençait à germer en moi. La nuit allait bientôt s'achever avec ses ombres complices camouflant notre présence. Il en serait tout autrement lorsque l'aube poindrait. Il fallait trouver un endroit pour nous cacher pendant la journée et espérer reprendre la route la nuit suivante. De plus, nous laissions des traces dans la boue en raison du sol mouillé. S'arrêter dans une grotte semblait impossible car ils pourraient facilement nous y suivre. Continuer me paraissait au-dessus de mes forces avec le fardeau supplémentaire que représentait mon compagnon allemand.

La « providence » se chargea de la décision. Nous tombâmes par « hasard » sur un village de montagne assez important pour nous abriter, sans que nos poursuivants osent nous y attaquer. Nous demeurâmes dans une maison de chambre, pour quelques roupies par nuit, où la nourriture était excellente. Nous ne vîmes ou ne reconnûmes point nos chasseurs d'étrangers au village. Il faut dire que nous sortions peu. Nous prîmes ainsi trois jours de repos bien mérités.

En plus, nous avons pu prendre un autobus qui s'en allait à New Delhi. Eh bien, comble des combles, l'autobus nous ramena au même endroit où la route était coupée et d'où nous étions partis avant de nous retrouver dans ce village d'accueil. Mais, nous étions en plein jour et nous pourrions demeurer sur la route pour marcher jusqu'à l'endroit où les autobus attendaient pour transporter les voyageurs vers New Delhi.

Étant donné que cette route était sujette aux éboulements, nous devions parcourir une distance de plus de trente kilomètres à pied. C'était un peu décourageant. Par surcroît, nous serions encore surpris par la nuit dans notre randonnée car nous envisagions franchir environ quinze kilomètres avant le crépuscule. Tous les voyageurs de l'autobus se dirigèrent comme nous vers le trou béant laissé par l'effondrement de la route afin de le contourner. À la clarté du jour, le spectacle était pour le moins saisissant ; on ne pouvait entrevoir le fond du gouffre. Nous prenions mille précautions pour ne pas glisser vers le bas. Dire que nous avions parcouru le même chemin en pleine nuit, sans voir où nous allions et juste après que le tout se soit effondré par l'écoulement des eaux.

Un mille à pied, ça use les souliers

Je m'étais procuré dans le village de nouveaux bas de laine pour me garder les pieds au chaud et remplacer les précédents qui étaient trop usés. J'avais commis la maladresse de jeter les autres après mon achat. Mes nouveaux bas, fabriqués d'une laine pratiquement brute, m'écorchèrent les pieds après un kilomètre de marche. Je continuai à marcher quand même, ne prévoyant pas que la situation allait autant s'aggraver.

Après quelques kilomètres de ce traitement, j'enlevai mes bottes et regardai mes pieds; c'était désastreux. J'avais une énorme ampoule remplie de sang sous chaque pied. Elles étaient du diamètre d'un couvercle de pot de confitures et d'un centimètre d'épaisseur. Mon ami allemand me prêta une paire de ses bas (d'une allure un peu douteuse), mais le mal était fait et je ne pouvais pas continuer ainsi ni faire marche arrière.

Je me rappelai ma nuit passée dans la grotte environ un mois plus tôt et pensai que c'était la seule solution possible. Je confiai cette décision à mon ami qui décréta tout de go qu'il allait m'accompagner. J'argumentai que j'allais avoir besoin de plusieurs jours pour cicatriser ces plaies, ce qui allait considérablement le retarder. Il me répondit que je lui avais sauvé la vie la nuit où il avait été mordu par un serpent et que c'était la moindre des choses qu'il me retourne la pareille. Il portait une arme, il affichait l'allure d'un bandit de grand chemin, ses bas auraient sûrement toléré un peu d'eau et de savon, mais il avait du coeur au ventre cet allemand !

Cette attention me toucha énormément et, en même temps, elle me rassura. Vivre cette situation à deux m'apparaissait comme un havre de sécurité. Nous reprîmes la direction de la forêt, escaladant la montagne à la recherche d'une grotte ou d'un abri quelconque. Marcher constituait un véritable martyr. Il fallait donc faire vite pour trouver ce refuge. Plus nous marcherions longtemps, plus la situation s'aggraverait pour mes pieds. Nous trouvâmes un surplomb de rocher après environ deux kilomètres. Cet endroit offrait l'avantage de nous protéger de la pluie mais malheureusement, à moins de faire et de nourrir un feu toute la nuit, il ne pourrait nous préserver du froid.

Des hommes des cavernes

Trop soucieux de nous faire repérer, nous ne fîmes pas de feu cette nuit-là. Nous mangeâmes des racines et quelques champignons crus. Pour le goût on repassera mais, pour nourrir son homme, ça fonctionne. Nous dormîmes à la belle étoile, recouverts par les quelques feuilles sèches que nous pûmes trouver. Le lendemain matin, nous étions transis. Mon ami décida de partir à la recherche d'un abri plus convenable. Il revint vers l'heure du midi et m'informa qu'il avait trouvé une véritable caverne, où nous pourrions faire du feu sans nous faire repérer. De plus, il y avait à cet endroit une quantité suffisante de bois sec pour au moins une semaine.

Ce lieu nous apparaissait comme une véritable oasis. Un ru coulait à une centaine de mètres. La caverne avait de quatre à cinq mètres de diamètre, sur trois de hauteur. Nous pûmes nous installer confortablement pour la nuit, ayant recouvert le sol de feuilles qui eurent le temps de sécher en raison du bon feu que nous nourrissions. Nous nous payâmes même le luxe de nous faire cuire des racines et des champignons sur les pierres entourant le feu. Tout près d'être digne d'un cinq étoiles.

Nous profitâmes d'une bonne nuit de repos, ce qui me remonta considérablement le moral. J'allais régulièrement au ruisseau pour baigner mes pieds, mais l'eau glaciale les rendait rapidement bleus de froid. Nous déplaçâmes le feu près d'un trou à même le roc et nous y transportâmes de l'eau qui prit une agréable température. Je pus même laver les bas empruntés à mon ami allemand. La vie redevenait luxueuse.

Nous en étions au troisième soir de cette équipée dans la caverne. Nos aménagements étant complétés, nous pouvions jouir du décor à volonté. En examinant mes pieds, nous réalisâmes qu'il faudrait encore plusieurs jours pour que je puisse entreprendre les quelques trente kilomètres qui nous séparaient de la civilisation.

Ce soir-là, nous discutâmes longuement auprès du feu. Il fumait calmement et il ressentait visiblement l'envie de communiquer.

Confidences dans une caverne

- Comment en es-tu arrivé à entreprendre un tel voyage, me demanda-t-il.
- J'ai connu une vie des plus mouvementées et, dans des circonstances hors de l'ordinaire, j'ai été invité par l'au-delà à venir ici en Himalaya.
- Tu es venu dans ces montagnes sur une invitation provenant probablement de ton imagination ?
- J'ai moi-même pensé au début que c'était le fruit de mon imagination, mais les voix m'ont fourni les preuves nécessaires afin que je puisse croire en leur réalité.
- Permets-moi de douter et d'éprouver un certain scepticisme devant de telles affirmations. Mais que retires-tu de tes expériences vécues dans ce voyage ?
- J'ai surtout appris à me connaître moi-même. J'ai pris conscience de certaines peurs que j'ignorais posséder. Je sais maintenant que mon orgueil figure parmi mes ennemis les plus virulents car lorsque l'orgueil se présente, l'intelligence s'absente. Je sais qu'il me faut développer mes qualités d'amour, de confiance, de foi et d'altruisme. Certaines de mes expériences m'ont démontré le pouvoir de Dieu.

Je lui racontai l'épisode de la congestion à Darjeeling, celui du taxi, l'abracadabrante histoire du tigre chassé par le montagnard, ma rencontre avec ce félin ainsi que ma nuit dans la grotte. Il m'observait dans les yeux, semblant se questionner si je devais être catalogué parmi les menteurs, les fous ou les naïfs. Il continua ainsi.

- Tu veux me faire croire qu'un tigre s'est désintéressé de toi tout simplement parce que tu as remis ton sort entre les mains de Dieu ?
- Écoute, que tu me crois ou non ne revêt que peu d'importance. Plus nous devenons amis, plus j'attache de la valeur à ta confiance en moi. Mais, il demeure que l'important pour moi est de *savoir* que je dis la vérité. Les croyances d'autrui ne pourront jamais altérer les faits réels. Des événements pareils éveilleront évidemment des doutes pour ne les appeler qu'ainsi. Devrais-je changer la nature de mes expériences afin qu'on me croit ?

Il me regarda longuement, fumant sa cigarette d'une manière qui semblait plutôt délectable (j'avais cessé de fumer quinze mois plus tôt).

- Découvrir certaines de tes peurs, l'orgueil qui t'habite et des qualités à développer justifiait-il de risquer ta vie à plusieurs reprises ?
- Sans nul doute. Vivre dans la peur nous empêche de vivre comme on pourrait le faire. Nourrir l'orgueil nous pousse à faire des choses inutiles comme, par exemple, acheter une voiture plus luxueuse que nos besoins pour épater la galerie. Cela nous contraint à négliger des valeurs pourtant essentielles comme l'aveu d'un tort, d'une faiblesse ou d'un trait de caractère à améliorer. Vivre dans l'amour nous amène mille joies journalières. La confiance nous permet de bénéficier de notre potentiel qui autrement demeurerait dans l'ombre. La foi nous donne accès aux Divines capacités humaines et l'altruisme nous libère de nos dépendances causées par l'égoïsme. Même pour le plus incroyant ou l'athée, les vertus de l'amour, la confiance et

l'altruisme sont du domaine humain et leurs bienfaits facilement vérifiables dans nos expériences de tous les jours. Les peurs et l'orgueil génèrent des fléaux chez ceux qui en souffrent et les empêchent d'évoluer dans le bonheur.

- Ce que tu dis, c'est que Dieu ou pas Dieu, ton voyage aura été profitable ?
- Non, en ce qui me concerne, on m'a fourni tellement de preuves de l'existence de Dieu qu'il me serait maintenant impossible de ne pas y croire. Pour autrui, ça pourrait être différent. Vous pouvez ne pas vouloir admettre la présence de Dieu, il ne s'en formalisera d'ailleurs pas. Il n'en demeure pas moins que nous ne pouvons nier les effets positifs de l'amour, de la confiance et de l'altruisme chez ceux qui les pratiquent. Ils seront tous unanimes à le confirmer allègrement. Ce que je dis, c'est que je retire tellement de vivre dans l'amour que tous les efforts, quels qu'ils soient, en valent la peine.
- Et ton voyage alors ?
- Le voyage n'est qu'un outil visant à accélérer le rythme de mon développement. Pour d'autres, il en irait autrement. Certains vivront des événements dans le calme de leur résidence qui leur procureront le même bonheur ou la même intensité. D'autres encore pourraient être stimulés par l'environnement du travail, la naissance d'un enfant, des circonstances de maladies ou même de morts. Un proverbe dit qu'à quelque chose malheur est bon. L'important, selon moi, est de rester éveillé aux possibilités offertes par ce que nous vivons. Tentons toujours d'en saisir l'évolution que nous pourrions en retirer. Inévitablement, le progrès surgira d'une telle attitude. Comme ce sont les premiers pas qui présentent de la difficulté, la suite s'enchaînera par surcroît.
- Tu es bien jeune pour posséder une telle sagesse.
- Je me permettrai de te contredire. Oui, je suis bien jeune mais non, je ne possède pas cette sagesse. La sagesse est bien trop grandiose pour être possédée par qui que ce soit. Nous pouvons par contre décider d'y adhérer. De mon propre chef, je n'avais

réussi qu'à me rendre malheureux et les autres aussi, par mes haines, mes rancunes et mes peurs. De par mes élans personnels, j'étais tout ce que l'on veut mais très dépourvu de sagesse. Quand je fus parvenu au maximum de souffrances que je pouvais endurer ou faire endurer aux autres, l'amour m'a semblé une dernière tentative à explorer. C'est ce que je fis et les résultats ont été tellement engageants que j'ai poursuivi dans cette voie. Tout le reste, ce que tu viens de qualifier de sagesse, le désir d'évoluer, les visions et l'audition de l'au-delà, le développement de ma confiance et de ma foi, ne sont que des conséquences de mon premier geste dans la bonne direction, soit celui de trouver mon bonheur dans l'amour des autres plutôt que dans le désir insatiable de me faire aimer.

- Veux-tu dire que se faire aimer n'est pas une source de bonheur ?

- Absolument pas. On ressentira toujours du plaisir à recevoir de l'amour, de l'affection ou de la tendresse. Mais, s'appuyer sur cette notion pour atteindre le bonheur signifie remettre son sort entre les mains des autres. Eux aussi recherchent la même chose; ils peuvent donc facilement penser à vouloir recevoir plutôt qu'à donner. Bref, nous ne possédons aucun contrôle sur une telle source de bonheur. Il serait illogique d'en dépendre car, à un moment ou à un autre, nous en serons inéluctablement privés et nous connaîtrons alors la déception et l'amertume. L'amour que l'on ressent pour autrui repose entièrement sous notre responsabilité, il baigne dans l'illimité et nous pouvons le déployer à volonté. Vivre ainsi nous rend totalement autonomes et nous assure une stabilité à la mesure de notre propre persévérance.

Il demeura silencieux pendant plusieurs minutes à fumer, à m'observer et à réfléchir.

- Te demandes-tu qui je suis et ce que je fais ?

- Disons que tes explications m'ont semblé tirées par les cheveux. Tu as une apparence et une attitude bien différentes de l'idée que l'on se fait généralement d'un représentant en équipements de ski.
- Que penses-tu que je sois réellement ?
- Puis-je parler sans risquer de te blesser ou de t'insulter, ou même de te mettre en colère ?
- Oui, puisque je te le demande.
- Selon mes suppositions, tu pourrais être un mercenaire à la solde de quelque secrète organisation, un espion international, un tueur à gages ou un soldat d'un groupe révolutionnaire. Il y aurait bien sûr d'autres alternatives mais mon instinct me dicte que la vérité se situe quelque part dans ces possibilités.
- Tu as vu juste. Je devrai malheureusement te taire l'exacte vérité pour des raisons évidentes de sécurité. Que penses-tu de moi suite à cette révélation ?
- Et bien, j'ai moi-même un passé assez lourd, ce qui m'aide à comprendre les écarts de conduite des autres. En second lieu, l'amour d'autrui doit être inconditionnel. En troisième lieu, nous devons pardonner aux autres si nous voulons être pardonnés. Et, finalement, malgré tes allures de bandit de grand chemin, on sent chez toi une certaine honnêteté et une profonde noblesse de sentiments.

Ces dernières paroles le firent éclater de rire. Il plongea ensuite dans une réflexion intime dans laquelle je le laissai libre. Nous restâmes silencieux au moins une heure. Il se leva ensuite, vint vers moi et me donna la main. Il avait les larmes aux yeux. Il s'étendit pour la nuit et je fis de même.

Chapitre 29, Amitié avec un homme étrange

Cohabiter avec un inconnu

Pour faire changement, nous mangeâmes, au petit déjeuner, de délicieuses racines avec de non moins délicieux champignons cuits sur les pierres. On pourrait croire que la monotonie de ce menu viendrait à peser. Ajoutons toutefois que nous nous reposions considérablement, que nous entendions couler le ruisseau dans la montagne et que nous avions une vue plongeante sur plusieurs kilomètres. Je trouvais aussi mon « allemand » de plus en plus captivant. Les soirées passées sous la lune et les étoiles auprès du feu étaient paisibles et des plus calmantes. L'air d'une limpidité exceptionnelle purifiait nos poumons. Dans ces conditions, le menu revêtait un charme hors du commun.

Mon compagnon vaquait à ses occupations en me jetant des coups d'oeil furtifs. Quand il eut ramassé du bois, lavé ses vêtements et nettoyé le camp, il prit place à l'entrée de la caverne en attendant que je le rejoigne. Ce que je fis.

- Hier soir, me dit-il, tu me parlais des bienfaits de l'amour sur ta vie. Mais, nous aimons comme nous le pouvons, non comme nous le voulons. Par conséquent, nous ne pouvons augmenter notre niveau de bonheur par l'influence de l'amour.
- L'homme a la liberté de changer et d'évoluer dans la direction qu'il choisit. Au contraire de ce que tu affirmes, nous avons la faculté de développer nos sentiments. Si nous désirons aimer davantage ou avec plus de raffinements, nous en avons la latitude. Il faut simplement procéder adéquatement. Il existe des techniques pour réussir à amplifier nos sentiments, souhaiterais-tu en discuter dès maintenant ?
- D'où tiens-tu ces connaissances ?

- De mes amis de l'au-delà. Ils m'ont instruit sur plusieurs sujets très variés, dont celui de progresser à volonté sur des points particuliers de notre personnalité.
- Comment pourrais-je croire de pareilles énormités ?
- Il n'est pas nécessaire que tu y crois. Tu me demandais d'où je tenais mes connaissances, je t'ai tout simplement répondu, je ne pouvais tout de même pas te dire autre chose que la vérité. Mais là n'est pas la question. Quelle que soit la source de ces informations, analyse la validité des énoncés, retiens ce qui te plais et ne conserve de ces paroles que celles qui te conviennent. Pose toutes les questions qui te viendront à l'esprit et si nous ne pouvons justifier un énoncé dans ce que nous dirons, tu n'as qu'à le rejeter.
- Qui ça nous ?
- Vois-tu, je ne possède pas la réponse à toutes tes questions. Ceux qui m'instruisent me seconderont dans mes énoncés quand mes propres connaissances seront déficientes. Tu entendras ma voix mais, il est fort possible que j'apprenne en même temps que toi les explications à tes interrogations.
- Tu veux dire qu'ils s'exprimeront à travers toi.
- Oui. Je servirai de canal de communication mais uniquement quand je serai ignorant du message à livrer. Là encore, tu n'as pas à me croire. Demande-toi simplement si tu aimes ce que tu entends; si c'est le cas, continue à écouter. Dans le cas contraire, mets fin à la conversation au moment qui te plaira.
- Comment te parlent-ils ?
- Ils « poussent » les phrases dans ma tête. Les paroles ne passent pas par mes oreilles, elles s'insèrent directement dans ma pensée.
- Comment sais-tu que ce n'est pas ton imagination ?
- Cette méthode de communication s'est développée progressivement entre nous. Au début, j'entendais leurs voix comme la tienne, à peu de choses près. Peu à peu, nous avons délaissé cette méthode car elle exige davantage d'énergie. Mais nous avons continué jusqu'à ce que je puisse maîtriser le

discernement entre ma pensée et leurs messages. Aujourd'hui, cette différenciation m'est devenue relativement facile.

- Oublions tout cela. Parle-moi plutôt des moyens de cultiver l'amour.
- L'étape la plus importante est aussi celle qui est la plus souvent négligée, soit celle de la prise de décision. Quand celle-ci est complétée de la bonne manière, les autres sont assez faciles. Le problème réside dans le fait que les gens ont une idée et qu'ils tentent de la mettre à exécution sans avoir pris le temps de se convaincre de l'importance de réussir. Étant donné leur manque de conviction, ils s'arrêtent en cours d'exécution et connaissent des déceptions. Es-tu d'accord jusqu'à présent ?
- Oui, mais comment se convaincre ?
- Pense aux moments passagers où tu as ressenti de l'amour et au plaisir que tu éprouvais en ces circonstances. Pense aussi aux satisfactions que procurent des actes altruistes, comme celles qui t'ont effleuré quand tu as décidé de m'accompagner pour que je puisse soigner mes blessures aux pieds. Pense au déplaisir qui accompagne nécessairement la haine et la rancune. Pense aux délicieux frissons vécus lorsque tu donnes à autrui. Tu possèdes maintenant le matériel nécessaire pour prendre ta décision. Réfléchis et réfléchis encore à tout cela jusqu'à ce que tu sentes que rien ne t'empêchera de réussir. Si tu fais réellement et convenablement cette démarche, la victoire est assurée.
- Je sens que tu dis vrai, à tel point que je me demande si tu as besoin de continuer !
- Tu as raison. Tous les êtres ont le pouvoir de découvrir la route pour triompher dans leurs entreprises. S'ils le veulent réellement, ils découvriront ce qu'ils ont à savoir au moment opportun. Ils recevront l'aide nécessaire quand elle sera requise si, naturellement, les mobiles qui justifient leurs efforts résident dans le domaine de l'évolution, de l'altruisme ou de la créativité.
- Pourquoi tout le monde ne suit-il pas cette route ?

- Parce que l'on ne se donne pas la peine de l'explorer. Parce que l'on nourrit l'illusion que charité bien ordonnée commence par soi-même. Parce que l'on a la fallacieuse impression que l'égoïsme peut conduire au bonheur. Et, quand on se rend compte que la voie de l'amour est la seule qui puisse mener à la paix intérieure ou de l'âme, on cesse habituellement les efforts avant la réussite finale.
- Que pourrais-tu me dire d'autre pour que je puisse développer mon sentiment d'amour ?
- De fait, si tu prends ta décision avec autant d'ardeur que décrit précédemment, le but t'est déjà acquis. Mais, on peut ajouter quelques subtilités. Tu connais le bien-être ressenti lorsque quelqu'un t'aime; tu peux donc te mettre à sa place et voir le bonheur que tu seras en mesure de donner. Aussi, prends conscience de l'immense liberté qui sera tienne suite à tes efforts. Tu connais déjà la béatitude qui sera tienne par la satisfaction de ton désir, nourris-toi de cette motivation. Surtout, concentre-toi dès maintenant sur le fait que tu devras persévérer jusqu'à l'aboutissement. Cette dernière phrase représente la clef pouvant ouvrir toutes les portes.

Nous fîmes silence pendant quelques heures et il revint à la charge.

Et le passé ?

- Comme tu dois t'en douter, j'ai laissé quelques cicatrices derrière moi. De nombreuses personnes ont souffert et souffrent encore à cause de mes actes. Quelle doit être l'attitude à adopter ?
- Si tu te diriges réellement dans la voie de l'amour, tu n'as strictement rien à faire de spécial dans ce sens. On ne mesure nullement les êtres sur ce qu'ils laissent derrière eux mais uniquement sur le bien que leurs efforts futurs généreront. L'Univers est régi par une loi s'appelant cause à effets, ce qui

signifie que l'on récoltera ce que l'on aura semé. Mais les effets de la loi disparaissent quand l'âme concernée se dirige d'elle-même vers le sentier de la sagesse. C'est exactement ce que tu ferais en développant ta force d'amour.

- Tu veux dire que nous pouvons impunément faire le mal et s'en tirer à si bon compte ?
- Non. Tout ce que nous faisons hors de la route de l'évolution et du bien à autrui nous retombera un jour sur le nez pour nous inciter à changer d'attitude. Mais, on ne vise pas la punition de ces actes, on tente de stimuler un changement constructif. Quand l'âme acquiert le désir sincère d'aimer son prochain comme soi-même, les retombées des actes destructeurs passés deviennent non seulement inutiles mais, de plus, si nous faisons des pas sur le chemin de l'amour, nous recevons des encouragements à continuer.
- L'Univers se comporterait d'une façon aussi magnanime ?
- L'Univers se comporte de façon logique. Il tend à orienter les enfants de Dieu vers la cohésion de l'ensemble. Nous devons faire en sorte que les autres n'aient pas à souffrir de notre présence, mais plutôt à en tirer des bénéfices.
- À ce moment-là, pourquoi Dieu n'a-t-il pas créé l'homme parfait ?
- Parce qu'il fallait que la créature possède aussi le bien le plus précieux, la liberté. Il aurait pu créer un être qui n'aurait eu aucune possibilité de faire le mal mais un tel être aurait été un pion, une machine parfaite ne jouissant pas de son libre arbitre. Il a voulu que sa création dispose de tous les attributs, surtout et y compris le pouvoir de décider de sa propre destinée. Par contre, si la créature juge à propos de s'éloigner de la voie de la sagesse, les mécanismes de la loi de cause à effets sont toujours présents pour la ramener à l'ordre.
- As-tu donc réponse à tout ?
- Je t'en prie, ne me prête pas des pouvoirs que je ne possède pas. Ce n'est pas moi qui ai réponse à tout, c'est le Père qui habite en moi. De moi-même, je te

répète que je n'avais réussi qu'à me mettre dans la merde. La seule chose que j'ai pu faire de mon propre chef, c'est d'accepter de faire des efforts pour aimer. En fait, exactement la même chose que tu t'apprêtes aussi à entreprendre.

Et l'avenir ?

- Peux-tu me parler de mon futur ?
- Oui et non. Si tu persévères dans ton intention d'aimer, ton futur m'apparaît assez évident. Les détails demeurent flous mais la vue d'ensemble transparaît dans une multitude d'actes de la vie quotidienne. Par exemple, tu désireras rendre la vie agréable à tous ceux qui t'entourent. Quand tu apercevras des gestes disgracieux de la part de ton prochain, tu chercheras à comprendre pourquoi il agit ainsi plutôt que de le condamner. La misère humaine te donnera des fourmis dans les jambes, tu connaîtras un immense désir d'alléger les souffrances d'autrui.

  Tu dormiras du sommeil d'un enfant. Le soleil t'apparaîtra plus chaud, tu t'intéresseras davantage aux arbres, aux fleurs et aux animaux. Les aliments prendront un goût supérieur. Tu adapteras ton travail à ta vie, plutôt que d'adapter ta vie à ton travail. Ton corps te semblera plus léger.
- Comment peux-tu affirmer tout cela, on dirait une diseuse de bonne aventure !
- Parce que c'est exactement ce qui m'est arrivé à moi et à tous ceux avec qui j'ai pu m'entretenir, qui, eux aussi, avaient entrepris et persévéré dans des démarches d'aimer son prochain comme soi-même. Pour brosser un tableau complet, il faut tout de même ajouter que si tu optes carrément pour cette philosophie de vie, tu connaîtras aussi certaines épreuves.

  Tu auras à expliquer à tes relations ce qui justifie une telle métamorphose car ils ne te reconnaîtront plus. Plusieurs d'entre eux affirmeront que tu joues une comédie, ce que tu trouveras injuste avec raison.

Parce que tes sentiments auront mué en profondeur, ce que tu vivais auparavant ne contiendra que peu d'intérêt pour toi. Tu tendras donc à changer ton mode de vie. Mais, avant que tu sois bien campé sur l'autre rive du gouffre, qui délimitera ton passé et ton avenir, tu vivras des insécurités face à tes nouvelles habitudes jusqu'à ce que ta nouvelle vie soit devenue ta vie.

Alors seulement, tu pourras goûter à la félicité. Je dois t'avouer que pendant la période transitoire, nous éprouvons mille peurs, nous sommes habités par un million de doutes et nous nous posons un milliard de questions. Malgré tout cela, la persévérance trouve sa récompense dans notre triomphe sur nous-mêmes.

- En premier lieu, tu soulignais un tas de récompenses à mes efforts. Maintenant, tu présentes la situation comme une série d'épreuves. Pourquoi ?

- Parce que tu dois savoir en quoi consistent les avantages de s'engager dans un tel pèlerinage et, à l'inverse, si l'on évite de te signaler les écueils que tu croiseras nécessairement, tu pourrais les percevoir comme étant reliés à ta personne plutôt que rattachés à la situation. Tu dois aussi savoir que ces événements ne sont que temporaires. Alors, quand viendra l'heure du découragement, acharne-toi avec opiniâtreté, persiste dans ton labeur et le succès ne saurait tarder à se manifester.

- N'est-il pas possible que je puisse échouer là où d'autres ont réussi ?

- Oui, mais non parce que tu ne possèderais pas les mêmes pouvoirs ou facultés. Tu pourrais avoir négligé de prendre ta décision avec l'ardeur nécessaire. Tu pourrais douter de toi ou des bienfaits de l'amour. Tu pourrais abandonner avant la réussite. Comme pour le cuisinier qui fabrique un plat, s'il respecte la recette et le temps nécessaire de cuisson, les convives goûteront au festin auquel ils étaient en droit de s'attendre.

Mais, si l'on met son grain de sel, si l'on néglige des ingrédients ou encore que l'on veuille déguster avant que cela ne soit prêt, il faut s'abstenir de contester la recette. Le cuisinier doit surtout être conscient que s'il avait suivi le mode d'instructions à la lettre, il n'aurait pu échouer là où d'autres ont réussi, pour employer les mêmes termes que toi.

- Alors, tous ceux qui désirent adopter une telle attitude ont accès à la réussite ?

- Oui, car Dieu est juste. Cependant, il faut demeurer en accord avec les lois de l'Univers et croire en ses capacités. La seule preuve possible de ce type de foi réside dans la persévérance jusqu'à l'achèvement de notre croisade.

La liberté passe avant tout

Nous observâmes le silence à partir de ce moment jusqu'au coucher. Mon ami observait les flammes, me jetait de longs regards et semblait entretenir de profondes réflexions.

Lorsque l'on sent un frère osciller entre la voie du bonheur et les autres routes possibles de la vie, on souhaiterait trouver le mot juste pour l'aider à faire le bon choix. Mais nous lui devons le respect de sa liberté et, finalement, si l'on croit vraiment à ce qui précède, la bonne sélection sera celle privilégiée par l'être concerné. Car foncer dans une direction sans vraiment y croire nous mènerait directement vers l'échec. Chaque âme doit favoriser les options pour lesquelles elle se sent prête.

Nous observons souvent des gens qui tentent d'influencer les autres dans leurs décisions. Ils voudraient les voir opter pour ce qu'ils décideraient eux-mêmes dans des circonstances similaires. Erreur monumentale. On ne peut et on ne doit jamais tenter de changer autrui. On ne voudrait pas que l'on nous le fasse, ne le faisons pas non plus aux autres.

De plus, vouloir inciter notre prochain à marcher dans nos traces laisse supposer qu'il possède nos capacités, qu'il cultive les mêmes goûts, qu'il poursuit les mêmes objectifs ou qu'il ressent les mêmes aspirations. Peu probable qu'il en soit ainsi.

Efforçons-nous d'exposer clairement notre point de vue car, de cette manière, nous offrons aux autres des alternatives qu'ils pourraient facilement ne pas avoir examinées. Mais, limitons-nous à informer et évitons de traverser la frontière séparant le dialogue de l'incitation.

La liberté est le bien le plus précieux que l'on puisse recevoir et aussi celui que l'on puisse donner.

Chapitre 30, Une fin et un commencement

Conclusion d'un dialogue

Mes pieds pouvaient reprendre leur vocation première, c'est-à-dire marcher. Après le petit déjeuner, qui, soit dit en passant, se composait de racines et de champignons cuits sur les pierres, nous reprîmes la discussion interrompue la veille, à la demande de mon ami allemand. Je n'aurais pas voulu forcer les choses.

- Par où dois-je commencer pour m'engager dans la voie de l'amour ?
- Au début, tu n'as qu'à cultiver l'amour au point de vue émotionnel. Garde à l'esprit que tu aimes ton prochain. Pense à ceux que tu aimes le moins, même que tu haïs et tente de ressentir un doux sentiment à leur égard.
- Comment réussir cela ?
- Si tu ne les aimes pas, il doit y avoir une raison. Ils ont, par exemple, fait quelque chose qui t'a blessé. Pour citer une de tes confidences, tu as laissé quelques cicatrices derrière toi. De nombreuses personnes ont souffert et souffrent encore à cause de tes actes. Tu sais que tu n'as pas commis ces erreurs par méchanceté, que lorsque tu accomplissais ces gestes, tu ne faisais que vivre de ton mieux. Prête à ceux qui t'ont blessé ces mêmes intentions. Ils ne faisaient que leur possible pour affronter la vie. En examinant la situation sous cet angle et si tu persistes dans tes efforts, tu réussiras à ressentir de l'amour pour eux.
- Tu mentionnais que cela était le début, quelle sera la prochaine étape ?
- Quand nous réussissons à ressentir de l'amour, il faut passer aux actes. Pose des gestes d'amour. Voici des exemples. Donne aux mendiants. Offre ton aide à ceux qui en ont besoin. Écoute ceux qui ont besoin de se confier et encourage ces gens. Accompagne les malades dans leurs démarches de

guérison. Si on te fait mal, répond par le bien. C'est aussi compliqué et aussi simple que cela. La seule difficulté qui te sépare du succès, réside dans les efforts que tu seras prêt à déployer. Si tu essaies vraiment, tu réussiras.

- Tu me crois capable de tels actes ?
- Bien sûr. Lorsque tu as insisté pour m'accompagner pour que je puisse guérir mes pieds, tu as posé un grand geste d'amour. Quand tu m'as aidé à mettre de l'eau près du feu, pour que je puisse baigner mes blessures, tu as accompli là un acte de grande compassion.
- Je ne faisais que te rendre la pareille de ce que tu avais fait pour moi lors de la morsure du serpent.
- Ne sois pas trop dur avec toi. Tu possèdes plus de générosité que tu ne le crois. Sois aussi indulgent avec toi qu'avec les autres et tu posséderas une clef ouvrant bien des portes.
- D'accord, nous avons assez parlé, il me tarde de commencer. Tes pieds te permettent-ils de reprendre la route ?
- Oui. J'ai moi aussi des fourmis dans les jambes. Dès mon retour au Canada, je dois entreprendre un projet qui m'attire au plus haut point.
- Peux-tu m'en parler un peu ?
- Je dois ouvrir un bureau de consultation pour aider les gens à guérir leur âme. Je traiterai ceux qui traînent des manies, des phobies, des peurs, des haines ou quoi que ce soit faisant obstacle à leur bonheur.
- Quelles compétences possèdes-tu pour agir ainsi ?
- Mon amour envers autrui servira de moteur. Mes amis de l'au-delà me conseilleront quand je manquerai de connaissances. Ainsi armé, la guerre est gagnée d'avance

Il partit d'un énorme éclat de rire.

- Tu ne manques pas d'une certaine naïveté !
- Si naïveté signifie faire confiance en la vie, je n'en manque effectivement pas. Si ça veut dire croire

qu'en ne lâchant pas, on peut réussir n'importe quoi, alors je me déclare allègrement naïf.

C'est un départ

Nous levâmes le camp quelques minutes après ces paroles. Me croiriez-vous si je vous disais que mon ami allemand semblait avoir rajeuni de plusieurs années ? Il volait littéralement sur le flanc de la montagne. Je me sentais aussi des ailes. N'oublions pas que je découvrais moi-même les joies accompagnant de tels actes d'amour. Décrire les forces que je percevais poindre en moi pourrait facilement paraître de la vanité.

Exprimons-le autrement. De moi-même je ne possède aucun pouvoir, seul le Père vivant en moi accomplit les oeuvres. Dieu ne pourrait être taxé de vanité.

Nous rejoignîmes la route et prîmes la direction de New Delhi. Nous cheminâmes seuls un certain temps. Nous nous arrêtâmes à une chaumière pour boire du thé et de l'eau. D'autres voyageurs y faisaient également halte. Nous pûmes ainsi connaître les nouvelles sur l'état de la route. La situation restait inchangée, on devait toujours marcher sur une trentaine de kilomètres avant de rejoindre les autobus qui faisaient la navette vers New Delhi.

Tout le monde partit en même temps. Certains nous demandèrent si nous avions de l'argent, ce à quoi nous répondîmes non. Notre apparence représentait notre principal allié car nous ressemblions à n'importe quoi, sauf à de riches touristes. Nous arborions tous deux la barbe et étions vêtus de vêtements ayant connu des jours nettement meilleurs.

Mon ami allemand offrit à un homme âgé de porter ses bagages. Malgré une certaine méfiance, ce dernier accepta mais gardait un oeil sur son précieux bien. Cela ne manquait pas d'un certain comique car je voyais mon ami poser un geste d'altruisme pur et il recevait, en récompense, un doute de la part de l'intéressé. Mais, je me sentais heureux d'assister à cette métamorphose, je souhaitais seulement qu'il persiste dans cette avenue. Je croyais que oui, mais le seul à posséder la véritable réponse marchait présentement en portant double charge.

Nous continuâmes ainsi jusqu'au crépuscule. Les autres marcheurs décidèrent de passer la nuit sur place. Mon ami et moi décidâmes de continuer. L'homme âgé récupéra son bien et offrit finalement ses remerciements. Quand nous fûmes seuls, mon ami engagea la conversation.

- As-tu remarqué la réaction de méfiance de cet homme quand je ne voulais que l'aider ? Je trouve cela plutôt décevant pour mon premier véritable acte d'amour.
- Tu rencontreras souvent ce genre de réactions. La déception réside dans l'attente de reconnaissance. Tu dois poser des gestes gratuits. Cherche ton bonheur dans la satisfaction d'aider les autres et tu deviendras imperméable au manque ou à l'absence de gratitude. Tu ne possèdes aucun contrôle sur les attitudes d'autrui. Il te faut donc développer une autonomie totale à ce point de vue. Les seules attentes que tu puisses contrôler sont celles qui résultent de tes propres efforts.
- Je vois. Tu veux dire que je devais porter les bagages de cet homme pour mon propre plaisir et n'attendre, en récompense, que la satisfaction du devoir accompli ?
- Tu apprends rapidement. Plus vite que moi au début de mon cheminement. Tu laisses pénétrer la connaissance en toi sans offrir de résistance. Cette magnifique disposition d'esprit te permettra d'obtenir de grandes victoires, accompagnées d'un avancement régulier et significatif.
- J'ai un peu peur que ton enthousiasme communicatif ne manque de réalisme.
- Tu n'as qu'à essayer et observer les résultats. Ne crois qu'à tes propres conclusions et tes efforts trouveront leur récompense dans la réalité.
- Je te remercie de prendre ainsi la peine de répondre à toutes mes objections.

- Si tu tiens réellement à me remercier, tu peux le faire d'une façon encore plus substantielle. Persiste dans ta démarche jusqu'à ce que tu goûtes au bonheur. À ce stade, tu posséderas le même enthousiasme et tu souhaiteras aussi le communiquer car nous aimerions que tous puissent connaître de tels sommets de joies et de satisfactions.

Vers le but

Nous arrivâmes au lieu de rencontre des autobus vers les 5:00 heures du matin. On nous apprit que le départ aurait lieu à 8:00 heures. Nous pûmes acheter des arachides, ce qui nous sembla un luxe de la plus grande classe.

Le reste du voyage se déroula assez normalement. Nous descendîmes au terminus à 17:00 heures et utilisâmes le même triporteur pour un temps car je me dirigeais vers l'aéroport et je pourrais le déposer en route à une ambassade où il se rendait. Nous savions tous deux que cet au revoir risquait fort d'être un adieu.

Voir des larmes dans les yeux d'un brigand international reste un souvenir très émouvant. Nous avions tissé un lien particulier entre nous. Nous partagions dorénavant la même volonté d'aimer. Ressentir les mêmes émotions crée une profonde intimité. Il prit la parole.

- Comment te remercier ?
- Gagne !
- C'est tout ?
- Tu m'as déjà largement remercié par ton amitié, ton écoute et ta collaboration. Si tu penses me devoir des remerciements, tu t'exposes à penser que ceux que tu aideras t'en devront aussi. Tu sais maintenant dans quelle optique j'ai tenté de t'aider. Je n'attendais rien d'autre que mon propre enchantement face au devoir accompli.
- Je t'assure que j'essaierai de rendre la pareille aux autres.

- Douce musique à mes oreilles que cette phrase. Amuse-toi bien, « brother » (frère).

Nous nous prîmes dans les bras et nous engageâmes tous deux dans la même direction, nos corps se séparant mais nos esprits se fusionnant.

Le triporteur me déposa à l'aéroport international de New Delhi, où j'avais débarqué un siècle plus tôt. Étais-je bien le même homme ? Sûrement la même enveloppe mais l'être de la forme différait. J'avais définitivement appris que, par moi-même, j'étais emprisonné par mes peurs, mon orgueil et les autres limites de l'être humain.

Aussitôt que je laissais opérer Dieu en moi, j'accédais à l'illimité se définissant par l'Infini Absolu. Je ne serais plus jamais pareil. En franchissant ce mur, il m'était devenu impossible de reculer et je n'en ressentais d'ailleurs aucune envie. Découvrir de pareilles possibilités me faisait envisager l'avenir comme une éternelle félicité.

Quelle importance le temps nécessaire pour réussir. Quand le bonheur accompagne chacune de nos minutes, les délais deviennent dérisoires. En fait, ils n'existent plus car nous avons atteint le seul véritable but, soit celui de ressentir la paix, la joie et l'extase. Plus question de se presser ou même de travailler. Plutôt l'ineffable plaisir d'accomplir et de créer.

Comment exprimer une telle constatation et la communiquer aux autres pour qu'ils puissent éprouver une telle ivresse ? Je voulais entreprendre cette mission. Il faut avouer qu'un tel voeu ne contient que peu ou pas de générosité car on ressent tellement d'exaltation à agir ainsi que nous sommes les premiers à en bénéficier.

J'ouvre ici une parenthèse pour parler de toute autre chose. Aujourd'hui, le 11 avril 1998 à 13:55 heures, ma mère Irène s'est éteinte dans mes bras à la manière d'une chandelle. Son enveloppe terrestre avait eu 83 ans le 27 octobre dernier. Je remercie Dieu de lui avoir permis de rejoindre le grand au-delà car, au cours des derniers jours, elle ne connaissait de la vie qu'une longue souffrance physique.

Lorsque je lui ai dit « votre fils Pierre vous parle, laissez-vous aller maman », elle a cessé de respirer. Nous pourrons maintenant discuter comme jamais auparavant. Sur neuf enfants vivants au moment de son trépas, six étaient à son chevet et une belle-fille qu'elle aimait comme sa propre fille. Son souhait le plus cher était de quitter ce monde entouré de ses enfants, à qui elle a consacré la majeure partie de sa vie.

Elle est partie le jour même où je terminais le premier jet de ce livre. Au moment où j'écris ces lignes, soit à 15:50 heures, cela ne fait pas encore deux heures qu'elle nous a quittés. Je ressens beaucoup de joie que ma mère, que j'adore, ait terminé ses tourments des dernières semaines. Elle aura droit à une période de repos avant de revenir continuer son évolution. Fermons cette parenthèse.

La raison pour laquelle on m'a permis d'écrire ce livre se situe dans cette volonté d'inviter d'autres frères et soeurs au grand banquet de la béatitude et de l'harmonie.

Je répète que je ne fais partie d'aucun groupe, aucune secte ou aucune religion. On ne me donne jamais d'ordre, on me signale ce qui serait préférable de décider, me laissant toujours la liberté de choisir. Ces êtres vivent dans l'au-delà d'où ils diffusent des enseignements à des gens qui sont en mesure de les capter en augmentant leurs vibrations par des sentiments d'amour, de pardon et d'altruisme.

On m'a procuré les moyens financiers, on m'a fourni l'inspiration quand le besoin s'en faisait sentir et on m'a orienté sur la voie quand je trébuchais par égoïsme. Si vous avez retiré un tant soit peu de plaisir à explorer cet ouvrage, tout le mérite en revient à ceux qui me guident dans ce voyage vers la félicité. Ces derniers reçoivent de la main du Créateur et je profite de l'occasion pour lui exprimer ma reconnaissance pour m'avoir créé et continuer à provoquer la genèse de l'Univers encore et toujours.

Achevé d'imprimer
en septembre 1999 sur les presses de
Marc Veilleux Imprimeur Inc
Boucherville, Qué.
450-449-5818